アラサー　居場所　キャラ　孤独死　無縁社会
草食系　イクメン　シンドローム　LGBT　逆ギレ
DV　ゆとり世代　絆　炎上　新型うつ

今どきコトバ事情

現代社会学単語帳

井上 俊/永井良和
[編著]

リスク社会　終活　ググる　異常気象　ソーシャルメディア
スクールカースト　パワハラ　ミシュラン　ビッグデータ　就活
アイドル　認認介護　派遣　ストーカー　つっこみ
婚活　プレゼン　ワーク・ライフ・バランス　ボランティア　ネトウヨ
メンタル　宅配　オタク　除菌　グローカル
ブラック企業　想定外　食材偽装　おひとりさま　自宅警備員
下流　コミュ力　クレーマー　ガラケー　食育
ペットロス　さずかり婚　里山　ファストファッション　風評被害

ミネルヴァ書房

はしがき

コトバは、つねに変化している。新しいコトバが生まれ、古いコトバが忘れ去られる。国語辞典や、専門用語を解説する事典に載るコトバもあれば、新語辞典のような冊子に項目として挙げられるにとどまるものもある。活字情報によって意味にたどりつくことができない話しコトバや、インターネットの世界でのみ流通する独特のコトバも少なくない。しかしながら、この移りかわりや多様性こそが、社会の「いま」をよく表している。

本書では、現代日本の社会あるいは文化に関連するコトバで、近年よく用いられるもののうち五五語をとりあげた。これらのコトバの選択にあたっては、まず、この一〇年ほどで話題になったコトバを集め、それらを比較検討して、見出しとして採録するのが適当だと編者が判断したものを拾った。その過程で見出し語として採用するのを見送ったコトバについても、関連する見出し語の執筆担当者にリストを示し、解説のなかでなるべくふれてもらうよう依頼した。したがって、見出しにあがったのは五五語にすぎないが、本書全体では、さらに多くのコトバがとりあげられている。

見出しのコトバについては、そのコトバの起源、使われるようになった由来やいきさつ、ひろく用いられるにいたった理由を説明し、さらに派生や応用、他のコトバとの組みあわせ、類語とのちがいなどについても適宜ふれた。しかし、ただ単にコトバの意味を別のコトバで説明するにとどまらず、そのコトバが生まれた社会的・文化的な背景にも目を向けるよう意を用いた。

くり返すが、コトバは生きており、たえず変化する。だからこそ、コトバの移りかわりをたどることが世の中の変化を読みとる作業につながる。この本で解説をくわえたコトバのうちのいくつかは、あと一〇年もしないうちに寿命が尽き、誰ひとり使わなくなっているかもしれない。また対照的に、若い人たちの軽薄な話しコトバだと思っていたものが、次の『広辞苑』の改訂で見出し語に「出世」しているかもしれない。そのような意味で本書は、「現代」を解読する試みであるとともに、「過去」や「未来」と関連づけることによってコトバの社会史・文化史を探求する際のデータにもなるだろう。

五五のコトバは、項目ごとに四ページの見開きで読み切ることができるようにした。また、便宜的に七つのグループに分け、グループ内では見出し語を五〇音順に配列した。だが、だからといって、ちがうグループに分類されたコトバが互いに無関係ということはない。読者は、どのグループから読んでも、どの見出し語から読んでもよい。

いま、完成した目次を見直してみると、この社会に古くからあるコトバや、その派生語は少ないという印象を受ける。古くからあるコトバでも、本来の意味からは遠ざかっている。和語・漢語由来のコトバよりも目立つのは、欧米からの外来語や、略語、ネット由来のコトバだろう。新しい社会現象や人間関係、生まれたばかりの文化を指し示すためにコトバが必要とされたからこそ、新語は生まれる。従来の日本語の語彙にない、別の起源をもつコトバが借用され、転用されるのは、むしろ当然だといえる。

スペースの関係で、各項目の末尾に付した参考文献リストは、かならずしも十分なものではない。資料などの出典についても簡略な注記にとどめた。けれども、昨今では新聞や雑誌の記事を手軽に検索できるデータベースがある。自宅で利用するためには機器をそろえ利用料を支払わなくてはならないが、学校や自治体の図書館に備えつけのコンピューターの使用は、誰にでも開かれている。

コトバの起源や変化を調べる作業は楽しい。その楽しさは、社会を解読する快楽でもある。その楽しさを、いくらかでも伝えることができればうれしい。そして読者自身、本書にとりあげられていようがいまいが、気になるコトバについて、そのなりたちを調べたり、社会の変化を読み解いたりする楽しみを経験してほしいと思う。

最後になったが、本書をこのようなかたちで世に送り出してくださったミネルヴァ書房編集部の河野菜穂さんに感謝したい。

二〇一五年一二月

編　者

目次

はしがき

1

若者・世代

アイドル——誰のために存在してきたのか

アイドルとは「偶像」を意味するコトバである。それ以前の芸能人がスターと呼ばれ、天空に輝く星のごとく崇められていたのと比べれば、語源どおりにアイドルとは、人の手によって作り出されたものである。そして、そのことがきわめて自明なのが特徴的である。この場合、作り出すのはメディア産業だけでなく、ファンたちの場合もありうる。対比させれば、スターは「ここではない、どこか」に存在するあこがれの対象であったが、アイドルは「いま、ここ」に存在し、親近感を覚える対象である。

知られるとおり、「アイドル元年」は一九七一年といわれるが、それはこの年に放映が始まった『スター誕生』（日本テレビ系列）というオーディション番組などから数多くのアイドルが輩出されたことによる。それ以降、日本社会においては数多くのアイドルが活躍することとなり、今日では海外に進出する者もいる。

先取りすると、アイドルという存在は、やはり日本社会に特徴的な存在といってよいのだろう。抽象的にいえば、それはこれまでのこの社会が、階層や人種などといった面において、相対的には均質的であり、高度に発達した消費社会の中で、記号的な差異に基づいて、きわめて細分化の進んだ文化が発達してきたということを意味している。別な言い方をすれば、「ＡＫＢ48」や「ジャニーズ系」などに代表されるように、見慣れていない年長世代からすれば、同じような格好をしたアイドルが数えきれないほどたくさんいて、どれも見分けがつきにくく感じられるのだろうが、ファンからすればそれぞれに一定の特徴があるということである。

対照的に述べれば、日本以外の先進社会において、とくに階層や人種における違いが色濃く存在している場合は、記号的な差異化が徹底した細分化の進んだ文化というよりも、むしろある程度共有されたカウンター・カルチャーであったり、もしくは社会のありうべき理想像などが投影されて、崇拝や尊敬の対象となるような、スターが人気を博しやすいようだ。ハリウッド映画に登場するのも、ロックミュージックのアーティストも、やはりアイドルというよりはスターである。よって、崇めるべきスターばかりが存在する社会の中に、日本のアイドルが登場した場合、「カワイイ」ものとしてもてはやされるのも十分に想像ができる。

アイドルが、日本社会における象徴的な存在のひとつであるという点については、それがどのようなコトバとともに語られてきたのかを追うことで、より理解を深めることができる。アイドル元年からはすでに四〇年以上が経過しているが、それ以降、あるいは以前にもさかのぼりつつ、いったいそれが「誰のため」に存在してきたのかを追いかけてみよう。

たとえばかつてのスターは、「われわれのスター」「大衆のスター」であった。「もはや戦後ではない」と『経済白書』に謳われたのが一九五六年だが、高度経済成長期における未来の夢といったようなメッセージ性を帯びたスターを、労働者を中心とする大衆層が一様に崇めていたのがこの頃である。その際に受容されたのは、映画やラジオ、白黒テレビといった初期のマスメディアであり、この時代を代表するスターとしては、美空ひばりが挙げられる。こうした戦後から一九六〇年代までの時代は、大衆文化の時代であり、日本のポピュラー文化の歴史における第一段階と呼ぶことができる。

次いで一九七〇年代以降に消費文化が芽生え始めると、アイドルが登場してくることになる。それはメッセージ性というよりも記号的な差異を帯びた存在であるため、カラーテレビなどの高度化したマスメディアと親和性が高く、また先行世代よりも後発世代に受け入れられていったことから、この時代のアイドルは「若者のアイドル」「僕たち／私たちのアイドル」であった。代表的な存在としては、一九八〇年代における松田聖子や近藤真彦といったテレビアイドルを挙げることができるが、一九七〇～八〇年代を中心とするこの時代は、いわば若者文化の時代であり、ポピュラー文化の第二段階と呼べるだろう。

そして一九九〇年代以降の今日へと至ると、アイドルは「僕だけの／私だけのアイドル」「ファンのためのアイドル」へと変容してきているように思われる。第二段階よりも細分化が進み、テレビだけではなく、ネットアイドル、地元アイドルなどと至るところに多様なアイドルが存在しているが、それに思い入れるのは、労働者としての連帯感を有した大衆ではないし、世代的な連帯感を有した若者たちというよりも、純粋にそのアイドルに思い入れがあり、そうしたファンであるがゆえに集うようなファンたちである。こうしたファンたちが集う場として、インターネットが大いに活用されるのは知られるところであろう。代表的な例として、「ＡＫＢ48」のメンバーが、ツイッターやGoogle＋、７５５といったソーシャルメディア上で情報を発信するとともに、ファンとのインタラクティブなコミュニケーションを図っていることはよく知られているし、むしろファンからすれば、自らの思い入れを投影し、それがアイドルたちの活躍へとつながっていくような実感を抱きやすいメディア環境が整えられている時代だともいえるだろう。

いわば現在のファンは、アイドルに対して「上から目線」の立場にあるとすらいえるかもしれない。それを示すものとして、「育成ゲーム感覚」でマイナーなアイドルに思いを寄せ、自らの支援によってアイドルが活躍することに喜びを見出すようなファンの存在を挙げることができるだろう。あるいは、そうした感覚を満たすために、まさしくアイドルを育成するという内容のゲームそのものもいくつか世に出されている。いわば、こうしたファンに主導権のあるファン文化の時代は、それまでと異なったポピュラー文化の第三段階と呼ぶことができるだろう。

いずれにせよ、このようにスターからアイドルへと、そしてアイドルのあり方も時代によって遷り変わってきたわけだが、これは単なるコトバの違いだけではなく、まして芸能人が才能が乏しくスケールの小さい存在になったということでもなく、社会や文化の変化に合わせたものであったということが理解されよう。今後はさらにいかなるアイドルが登場してくるのか、目が離せないところである。

（辻　泉）

稲増龍夫『アイドル工学』筑摩書房　一九八九
太田省一『アイドル進化論――南沙織から初音ミク、ＡＫＢ48まで』筑摩書房　二〇一一
宮台真司・鈴木弘輝編『21世紀の現実――社会学の挑戦』ミネルヴァ書房　二〇〇四

アラサー――女ざかりからの逃走

『現代用語の基礎知識』（自由国民社　二〇一五年版）によると、「アラウンドサーティー」の略語であり、三〇歳前後（周辺）の女性を意味する。さまざまな派生語もあり、四〇歳前後の女性は「アラフォー」、五〇歳前後は「アラフィー／アラフィフ」、六〇歳前後は「アラ還（アラウンド還暦）」と呼ばれる。

アラサーはここ一〇年で広まった新語ゆえ、語源も明らかにされている。このコトバは女性ファッション誌『GISELe』（「ジゼル」と読む。主婦の友社）が二〇〇五年に創刊される際、対象読者層を名付けるために考案された。同誌の編集長はアラサーを次のように説明する。「雰囲気としてはケイト・モスのようなさりげないおしゃれのイメージ」（「新編集長紹介『GISELe』編集長影山和美氏」『編集会議』二〇〇五年一二月）。このほかギャル世代がギャルを卒業した女性、自分の感覚を信じる女性、デニムが肌の一部のような女性――などの説明が挙がるのだが、わかったような、わからないような、煙に巻かれた感がするのは否めない。ただし『GISELe』より『AneCan』（「アネキャン」と読む。小学館より『お姉さん系CanCam』として二〇〇六年に創刊）の方が、アラサーを代表するファッション雑誌として挙げられることが多い。同誌は「エビちゃん」ことモデルの蛯原友里を世に出したことで知られるが、かような女性が理想のアラサーであろう。

そもそもなぜ、アラサーが注目されるのか。アラサーというコトバが誕生する以前から、三〇歳前後〜三〇代が、女性のライフコースにおけるひとつの転機とされていたことが挙げられよう。その年頃を一九五〇〜一九九〇年代に過ごした女性たち（前アラサーとしよう）の多くは、三〇歳（代）を人生の節目ととらえ、結婚するかしないか迷ったり（「私たちは「結婚しない女」」『女性セブン』一九七八年八月二四日）、子どもは欲しいが、一人でいることの自由や仕事を優先したいと考えたり（「子供を生まない女！」『女性セブン』一九七八年一一月二日）、夫の反対はあるが、子育ても一段落した今、再度働きたい、社会に出たい（「女は三五才で転進する」『サンデー毎日』一九六四年三月一日）と葛藤した。その一方で前アラサーは、年齢の持つネガティブな意味づけにも苦しんだ。齢三〇を過ぎた女性たちは、周囲から「年増」「オバン」「オールドミス」「ババア」と蔑まれ、文句をいえば「ヒステリー」と返される、くやしい経験をした。一九七〇〜八〇年代には、三〇代の銀行女子行員の横領詐欺事件が「ハイミス犯罪」として注目を集めるが、犯人と似た立場の銀行勤めの女性は、職場での惨めさをこう記している。「私も入行以来十八年間、いつの間にか三十六歳になってしまった。（中略）銀行の女子行員にとって、ベテランとは恥辱でしかない世界である。（中略）私の人生のすべてであった銀行は、窓口の花の訓練はしても、窓口の姥桜としての訓練はしてくれなかった」（「手記　職場での女ざかりの誇りと哀しみ」『婦人公論』一九七五年九月）。

前アラサーの経験した惨めさ・哀しさと比べると、今のアラサーの置かれた立場は、隔世の感がある。先にふれたアラサー雑誌も魅力的な女性ばかり登場するが、前アラサーが「若くない・性的魅力のない女性」とひとくくりにされたのに対して、アラサーはずっと多様で、性的にも奔放だ。たとえば、タイトルもずばりの漫画『アラサーちゃん』（峰なゆか）。作中には、主人公のアラサーちゃんほか、ゆるふわちゃん、やりまんちゃんといったキャラクターと、それぞれの典型的な「あるある」エピソードが描かれている。彼女たちのほとんどが自由にセックスするが、「乳輪の毛」や「おりものシート」など、話題にすることの難しい、女性の生活事情にもさらりと踏み込んでいる。また前アラサーが、成熟した大人であることや、自身のライフステージにも自覚的だったことと比較すると、今のアラサーは、自由に性生活を楽しんでいても、決して大人とはいえず、むしろ成熟したくない女性たちにみえる。というのも彼女たちは「女の子」や「ガール」的なもの、あるいは「かわいい」ことを重視しているからである。『AneCan』は「二五歳以上の女のコ」（「AneCan.TV」*より抜粋。傍点は筆者）に向けた雑誌であったし、アラサーちゃんだって、「サザエさん」のように「アラサーさん」とはならない。アラサー雑誌に「いつまでも恋していたい」「男にモテるためには」といった類いの見出しが躍るのは、アラフォー雑誌と変わらない。ただしアラフォーは「若い衆にはまだまだ負けん！」とばかりに、美や「モテ」へのギラギラとした欲求を隠さないのだが、アラサーの場合、自然体だのカジュアルだのと、やたらふわふわしていることも特徴だ。

　前アラサーが「女ざかりで、女のにおいをぷんぷんさせているというイメージ」（吉行理恵「〝男嫌い〟で通らぬ世間」『婦人公論』一九七五年九月）であったのに対し、今のアラサーは、性的なニュアンスは控えめで、あたかも思春期の少女のように若々しい。女ざかりのイメージも、型どおりの成熟も回避することに成功したかのようにみえる。ただし、中高年男性からの視線は変わらないままだが。たとえば、オヤジ雑誌の雄『週刊大衆』のアラサー特集には、家事や育児の合間にパチンコ屋や漫画喫茶で男を漁るアラサーばかりが登場する（「ガチンコ検証！〝アラサー〟探検隊」（『週刊大衆

臨時増刊　三十路《みそじ》』二〇〇九年五月一〇日)。

今のアラサーは、前アラサーのように、結婚や妊娠出産を意識することなく、ひたすら可愛くあろうとし、ちやほやされることを追求する。アラフォーのように、男並みに働き、キャリアアップを図るのではなく、ほどほどの稼ぎで幸せを感じようとする。前アラサーやアラフォーが「女は結婚しなければならない」「出産しなければ一人前ではない」「仕事も家庭も女の努力でなんとかしなければならない」といった「女の壁」にぶつかったことを考えると、アラサーはそうした抑圧からも逃れているようにみえる。

しかしアラサーの「逃走」も長くは続かないだろう。彼女たちの外部には「女はかくあれかし」という保守的な規範が根強く残るし、また一九八〇年代以降に生まれた彼女たちは、今後さらなる労働環境の悪化や社会保障制度の縮小など、社会構造的なツケを払わされる世代でもあるからだ。前アラサーやアラフォーが辿った道よりさらに険しい、「子育ても仕事も自己責任で励め」「賃金は上がらず雇用も不安定、年金ももらえるかわからないが、ひたすら頑張れ」といわれる現実を苦しく思う日もくるだろう。そうした潮流や規範とふんわり交渉しつつ、自分らしい生き方が選択できるのか。「アラサーちゃん」の踏ん張りどころである。

（松田さおり）

峰なゆか『アラサーちゃん』メディアファクトリー　二〇一一

＊ http://anecan.tv/about/

オタク――成熟社会のロールモデルの一つへ

オタクについて、さしあたり共通しているのは、対人関係（とりわけ異性関係）は得意ではないが、アニメやゲームに代表される虚構や想像上の世界とは親和性が高く、それに関しては、驚くほど高い能力を発揮することもある人びと、というイメージだろう。長らく男性に偏ったものと思われてきたが、近年では女性オタクも目立ってきた。

そもそもオタクというコトバは、いつ、どこから来たものだろうか。この点について、評論家の岡田斗司夫は、『現代用語の基礎知識』（自由国民社　一九九七年版）の中の「新「オタク」文化講座」と題する記事において、一九八〇年代の初頭から主に大学生を中心とするSFファン同士の集いにおいて用いられ始めたものであり、「オタクのサークルでは」「オタクのグループでは」というように、各人の所属サークルを代表する人間という意味での、二人称的な用法から始まったものであると指摘した。さらに、その存在を世の中に知らしめたのは、評論家の中森明夫が『漫画ブリッコ』誌の一九八三年六月号から連載を開始した「「おたく」の研究」という記事であったといわれる。

これらの内容を振り返ると、そのジャンルの広さ（たとえば中森の記事では、アニメやマンガ、ゲーム以外に、SFや鉄道、アイドル、パソコン、オーディオなども、オタクの対象とされている）とともに、マニアやファンと比べ、オタクというコトバが、当時において突出してネガティブなイメージを帯びていたということがわかる。とりわけ一九八九年に連続幼女殺人事件の容疑者Mが逮捕されて以降、いわゆる「オタク差別」という動きが顕在化したが、いわばオタクとは、現実に適応できないため、代わりに虚構の世界に関心を向けるしかない人びとだとみなされてきたのである。

一般的な見方からすれば、こうしたオタク登場の背景として、「心理学的に異常なパーソナリティ」や「メディアの悪影響」などが取り上げられやすい。だが社会学的にいえば、異常なマイノリティとみなすよりも、むしろその登場を、社会の変化に対する若者たちの適応行動として理解する研究こそ注目に値する。その例として、宮台真司らを中心とするグループによる『増補サブカルチャー神話解体』や『制服少女たちの選択』（講談社 一九九四）といった著作が挙げられる。

これらの研究の特徴は、オタクたちのふるまいが、社会が大きく変化する中で、結果的に目立たざるをえなくなったものとしてとらえようとするところにある。すなわちオタクとは、「いまここ」の「現実」に飽き足らず、超え出ようとするタイプの若者であり、いつの時代にも多少の差はあれ存在してきたものたちが、社会が変わることでその扱われ方が変わったということなのである。

別な言い方をすれば、こうしたタイプの若者は、戦前や戦後の社会において輝かしき存在とすら思われていたし、「理想」や「夢」にまい進して「現実」の異性関係には目もくれないようなふるまいは、そうあるべきものとみなされてきた。しかし近代化が一段落し、成熟した情報消費社会が訪れるようになると、こうした「理想」や「夢」は急速にその輪郭を失い始めていった。

いわば、一九七〇年代以降の高度情報消費社会においては、「いまここ」の「現実」を超え出るために、「理想」や「夢」にではなく、「虚構」の中に向かうしかない状況が訪れたのである。宮台らの指摘によれば、こうした状況下での若者の適応行動は大きく二つに分かれ、消費社会の記号と戯れながら「いまここ」の「現実」に適応していく者たちが「新人類」と呼ばれ、そしてそれでもなお「虚構」の中に「現実」を超え出るものを見出そうとしていった者たちが「オタク」と呼ばれることとなった。そのように考えると、おしゃれに敏感であった新人類と、そうではないオタクとは、実は対極的な存在であるかにみえて出発点は同じだったともいえるだろう。

一方で、二〇〇〇年代に入ると、こうした旧来のオタクイメージも変化してきた。よく知られているのは、二〇〇五年における『電車男』の映画およびテレビドラマ化であろう。同作品の元になったのは、インターネット掲示板「2ちゃんねる」における投稿といわれているが、その内容は、オタクと美女のラブストーリーであり、これまでのイメージを大きく打ち破るものであった。

また同年には、野村総合研究所が『オタク市場の研究』(東洋経済新報社 二〇〇五)と題する著作の中で、すでに看過しえないほど大きな経済マーケットとなったことを指摘しており、アニメやマンガ、ゲームといったいわゆる「コンテンツ産業」が、国内マーケットのみならず、来るべき時代の新たな主要輸出産業に躍り出るといった論調も、もてはやされるようになっていった。

こうしたなか、それまでとは違った論調も生まれてきた。たとえば、評論家の本田透は、『電波男』(三才ブックス 二〇〇五)、『萌える男』(筑摩書房 二〇〇五)といった著作において、むしろ虚構のキャラクターに思い入れるような「脳内恋愛」こそ成熟した現代社会にありうべきライフスタイルなのだとして、オタクを強く肯定した。一方で、年長世代のオタクからは、「現実」に適応できないことへのコンプレックスや挫折感こそがオタクの根幹にあるべきであり、肯定感を持つことなどは本末転倒であるという批判も登場してきた。先述の岡田斗志夫による『オタクはすでに死んでいる』（新潮社　二〇〇八）などがその代表例である。

ここでいずれかの議論に与することはしないが、むしろこれらの背後には、共通した前提が垣間見えよう。それは、かつてと比べて、もはやオタクがネガティブなイメージを持たれてはいないということであり、さらには、マスメディアと日常生活とが明確な境界を持っていた時代と比べ、いつでもどこでもスマートフォンを通してインターネットの世界にアクセスできるようになり、いうなれば「虚構」と「現実」が地続きになって、その差異が緩やかに消失しリアリティがフラット化していくような時代に至ったということである。

「虚構」と「現実」のフラット化は、旧来の定義に従うならば、これまでのオタクが消滅に向かわざるをえないということを意味する。だが一方で、成熟した社会においては、経済や政治といった公的領域よりも、文化のような私的領域に関心を向けた人びとが多くなるのも事実であり、近年において、それまでオタク的とみなされてきた各種のコンテンツがさかんに注目されているのは、こうした背景からだろう。であれば、今日の状況は、「（旧来型の）オタクの消滅」として嘆くのではなく、むしろ新たな「総オタク化」が進みつつあるのだと、評価してもよいのかもしれない。

（辻　泉）

宮台真司・石原英樹・大塚明子『増補サブカルチャー神話解体——少女・音楽・マンガ・性の変容と現在』筑摩書房　二〇〇七

宮台真司監修／辻泉・岡部大介・伊藤瑞子編『オタク的想像力のリミット——〈歴史・空間・交流〉から問う』筑摩書房　二〇一四

キャラ――「空気」の中を生き抜く作法

「私、妹キャラだってよくいわれます」「あの先生って、キレキャラだよね」といった物言いを、近年よく耳にする。前者は、年上に甘えたり、あるいはよく可愛がられたりする存在だということを、後者はすぐ怒りやすいということを意味する。

重要なのは「○○キャラ」といった場合に、それが生得的な性格を指すのでもなければ、固定化された社会的な役割を指すのでもないということだ。いうなれば、そのように人から思われている、あるいは、その場においてはそのような特徴を演じている、といった意味合いを指す。

この点で、社会学における概念としては、アーヴィング・ゴッフマンが主著『行為と演技』の中で論じた「役柄（character）」が近いものといえるだろう。

それまでの社会学においては、人びとは社会的な組織や集団の中で、一定の地位（status）に基づき、さまざまな役割（role）を遂行するものと考えられてきた。大学教授という地位であれば、研究者として、あるいは教育者としての役割を期待されてきた。

これに対してゴッフマンは、固定化された組織や集団よりも、実際の人びとの相互作用の場面に注目した。具体的にいえば、大学の教室において、教授に対しては教育者としての役割が期待されることになるが、実直にそれを黙々と遂行することは稀であろう。むしろ講義においても、「私だって、祝日なのに講義するのなんて嫌なんですけどね」といってわざと自らの役割から距離を取ってみせたり、あるいは「私って、実はオタクなんで、○○のコレクションが自慢なんですよ」といって、その場限りでの特徴的なふるまいをしてみせたりすることが多く、後者がゴッフマンのいう「役柄」にあたる。そして実はこうした「役柄」を演じることや、「役割」から距離を取ることが、結果的には「役割」を円滑に遂行するためのものだというのだが、これは大学の講義の場面を思い浮かべてもよく理解できるだろう。

そしてこの点が、今日における「キャラ」と「役柄」が微妙に異なったものであることを示してもいる。結論を先取りすれば、今日において「キャラ」を演じることの目的は、「役割」を円滑に遂行するのとは異なる。むしろ確固たる組織や集団が姿を変えつつあるような、流動化の著しい社会において、その場その場の雰囲気に合わせたコミュニケーションを円滑に済ませることにだけある。

このように、より社会の流動化の進んだ状況下で、その場の雰囲気にあたるものは「空気」と呼ばれる。いわば「地位」に期待されるのが「役割」、それを円滑に遂行するために「相互作用の場」で演じるのが「役柄」であったならば、「空気」を読んで、その場をやり過ごすために演じるのが「キャラ」なのである。

よって「キャラ」に対しては、それ以外の類似概念とは異なった、独特の言い回しがともなうことになる。一例として「キャラが立っている」という言い回しがあるが、これは、その「キャラ」が、他と比べて最も際立っていることを評価した言い方であり、ひいては、その場限りの「空気」を盛り上げることにどれほど貢献するものであるかが問われていることがわかる。そのために、

「キャラがかぶる」とは、その場で演じている「キャラ」がほかの人と同じものになってしまったことを示す否定的な言い回しである。

ほかにも、「キャラが安定している」という言い回しがある。これは「自己が安定している」といったように、その人となりがいかなる場においても一貫しているかどうかを問うているのではなく、さしあたりその場で、同じ「キャラ」を演じ続けることができているかどうか、それだけが問われている。

したがって、今日の若者たちからすれば、当たり前に過ぎる指摘だろうが、「キャラ」とは「非一貫性」を持ったものである。この場においては「地味キャラ」を演じていた若者が、ほかの場に出ると「活発なキャラ」になったり、ほかの「キャラ」になったりするのはごくありふれたことである。

このことは、「役割」とセットの概念である「地位」において、その「非一貫性」が社会学的な研究対象として注目されてきたこととは対照的といえるだろう（「地位の非一貫性」とは、たとえば大学教授であれば、社会的威信は高いといわれていても、収入はさほど高くないといったような状況のことを指す）。

そして想像されるように、こうした「キャラ」という言い回しは、おそらくはアニメやマンガなどの登場人物（キャラクター）のありように影響を受けたものであると理解してよいだろう。これらのコンテンツにおける登場人物は、その登場場面ごとに特徴的なふるまいを演じている。そしてその設定がはっきりしていれば「キャラが立っている」ことになるし、設定が不十分で、同じような特徴を持った登場人物が複数出てきてしまえば「キャラがかぶる」ことになってしまう。また、まったく目立たない存在は「モブ（＝群衆）キャラ」として位置づけられることになる。

こうした影響のあり方を、「最近の若者は現実と虚構を取り違えている」と批判することも可能だが、おそらくそれはあまり生産的ではない。もちろん流動化していく「場」の「空気」を読んで、そのつどの「キャラ」を演じ続けていかなければならないのは、当人にとって大変なことだろう。社会学者の土井隆義がその書名のとおりに『友だち地獄――「空気を読む」世代のサバイバル』（筑摩書房 二〇〇八）と呼んだのも、そうした生きづらさであった。

しかし一方で、「キャラ」を演じ続けていくことは、確固たる「役割」が期待される「地位」、そしてそれを規定する組織・集団が、かつてとは大きく変わりつつあるような流動化の著しい今日の社会において、その場その場の「空気」の中を生き抜いていくためのスキルなのだと評価することもできよう。そして、今後も社会の流動化がますます続いていくのであれば、「空気」の中で「キャラ」を演じることは、若者だけではなく幅広い世代に要求されるスキルとなっていくことも予想される。そして社会学においても、「地位」と「役割」と同様に、真剣に探求すべき重要な概念として「空気」と「キャラ」が取り上げられる日も、さほど遠くないように思われる。

（辻　泉）

アーヴィング・ゴッフマン（石黒毅訳）『行為と演技――日常生活における自己呈示』誠信書房 一九七四

土井隆義『キャラ化する／される子どもたち――排除型社会における新たな人間像』岩波書店 二〇〇九

終　活――「自分らしい」人生の終わりを求めて

「就活や婚活は聞けど入棺の体験などする終活ありとは」（永江重昭『朝日新聞 地方版・鳥取県』二〇一二年一二月一九日）。「就活」「婚活」につづいて登場した「終活」は、自分の死をどのように迎えるか、「自分らしい」最後を迎えるために葬式やお墓の準備を始めることをいい、『週刊朝日』が「現代終活事情」（二〇〇九年一〇～一二月）を連載したのが最初だといわれる。二〇一二年に急逝した流通ジャーナリストの金子哲雄（享年四一歳）は、生前から通夜や葬儀、告別式、墓の準備などを周到に進めており、死の翌月には『僕の死に方エンディングダイアリー500日』（小学館 二〇一二）が刊行された。金子の人生の幕引きは大きな話題となり、「終活」というコトバの普及に貢献した人物として『週刊朝日』とともに、二〇一二年の新語・流行語大賞のトップテンに選出されている。

「終活」は終末期の介護や医療、延命についての希望、葬儀や墓の手配、相続の手続き、自分史の執筆など多岐にわたり、自身の希望を書き留めておくための「エンディングノート」も好評である。また、パソコンデータの扱いやネット情報に関する不安をもつ人は多く、突然の死や不慮の事故にそなえた「ネット終活」や「デジタル終活」の需要が高まっている。Google の「アカウント無効化管理ツール」や「Yahoo! エンディング」など、ネット上に保存されたデータの削除、有料サービスやソーシャルネットワーキングサービスの解約・停止など、死後にデジタル周辺の情報整理を行うサービスがあいついで始まり、パソコン本体のデータを削除するためのソフトも開発されている。

従来、死にまつわる話や死後の準備は、縁起が悪いと避けられる傾向にあったが、一九九〇年頃から「自分らしい葬儀」を自ら考え、準備しておくというスタイルが登場し、脚光をあびている。一九九一年、本田技研工業創業者本田宗一郎（一九〇六～九一）の死去に際し、「オヤジさんらしい送り方を」と、社葬ではなく、「お礼の会」が開催された。本社にお礼の間、懇談の間、展示の間が設けられ、「皆様のおかげで幸せな人生でした　どうもありがとう」というメッセージとともに写真が掲げられ、本田が設計したエンジンや製品が展示された。創業者の葬式において、このような会が開かれることは前例がなく、大きな話題となった。一九九六年に亡くなった女優の沢村貞子（一九〇八～九六）の場合は、本人の遺志により身内だけの納棺式が行われ、先立った夫の遺骨とともに相模湾に散骨された。ターキーこと水の江瀧子（一九一五～二〇〇九）は一九九三年に「生前葬」を行い、華やかなお別れの会を演出して世間をにぎわせた。

生前、永井荷風（一八七九～一九五九）は自身の葬式について、「余死する時葬式無用なり。死体は普通の自働車に載せ直に火葬場に送り骨は拾ふに及ばず。墓石建立亦無用なり。新聞紙に死亡広告など出す事元より無用」（『断腸亭日乗』一九三六年二月二四日）と、葬式も墓石も新聞広告も無用であると日記に残している。現在では家族葬、直葬、無宗教葬（自由葬）、音楽葬など、自分の好む葬儀のかたちを選ぶことができ、お別れの会や偲ぶ会も普及している。散骨や樹木葬もめずらしいことではなくなり、葬儀と埋葬方法の選択は、その人らしさを表現する重要なテーマとなっている。

高齢社会の到来は、葬祭ビジネスの成長をうながしたが、「終活」というコトバの広がりはビジネスチャンスを予感させ、業界側からブームを仕掛けた「終活ビジネス」の拡大をもたらすことになった。「終活フェア」の開催、「終活カウンセラー」「終活コンサルタント」「終活診断士」「相続コーディネーター」「葬祭ディレクター」など、「終活」に関する資格や職業もぞくぞく登場している。高齢者にとって「孤独死」や「孤立死」のニュースはひとごとではないため、「生前契約」をむすんでおくことは、安心を手に入れることでもある。「人生最後の身だしなみとして「終活」に取り組む人が増えている」（『現代用語の基礎知識』自由国民社　二〇一四年版）とはいうものの、最期の後始末は自分で、と煽る「終活ブーム」は、「婚活に就活そして終活と死ぬまで活動を強いられて生く」（篠原力男『朝日新聞　地方版・栃木県』二〇一三年六月一八日）と詠まれているように、追い立てられる感覚に違和感をもつ人もいるようだ。近年、あらゆる場面でとなえられるようになった「自己責任」というコトバが、高齢者の「終活」においても影響を及ぼしているのではないかと思われる。

ライフスタイルの変化と価値観の多様化によって、晩年の生活スタイルも大きく変わってきている。少女小説で知られる作家の城夏子（一九〇二〜九五）は、晩年の新しいスタイルを提案した先駆的な存在である。城は一九六九年に六七歳で家と土地を処分し、千葉の有料老人ホームに入居した。「ま、素敵ッと、とかく見てくれにいかれてしまう私は、ひとめでここに生涯を托す決意をきめたのである。土地を売った代金の殆どを先払いして、死ぬまでの（たとえ九十まで生きようと）医、食、住を確保したのだった」（『愉しみ上手老い上手』海竜社　一九八四）。老いを楽しむ名人として知られた城は、老後の不安を取り払った終の住処から、美しく愉しく、老人らしくないライフスタイルを発信しつづけた。

反対に晩年の孤独を見せつけた作家もいる。前述の荷風は、自宅で亡くなっているところを通いの「手伝い婦」に発見され、「さびしかった荷風氏の最後」「死んだとき着ていたのは粗末な背広とズボン」（『朝日新聞』一九五九年四月三〇日 夕刊）と報じられた。荷風同様、独り暮らしが長かった森茉莉（一九〇三～八七）は、「森茉莉さん孤独な死 鷗外の長女 簡素な身近、孤高の人 死後2日の発見」（『読売新聞』一九八七年六月九日）と、どちらも孤独な死が強調され、誰にも看取られずに亡くなった姿が伝えられた。現在でも「孤独死」はみじめさやあわれさをともなった表現で報道されるが、茉莉と親しくしていた矢川澄子は「それが世のひとにどう受けとめられるかは別として。かねて敬愛する荷風散人同様、茉莉さんは世間の目などまったく気にもとめずに、みごと孤独を全うしたのでした」（『「父の娘」たち――森茉莉とアナイス・ニン』新潮社 一九九七）と、茉莉の最期を肯定的に受けとめている。

自分の人生を振り返り、生きたあかしを残すための「終活」ではあるが、『日経MJ』（流通新聞）が二〇一四年に六〇～七〇代のシニア約一三〇〇人に実施したアンケート（『日経MJ』二〇一四年一一月二八日）によると、「終活はしていない」という回答が七二・二％だった。「お墓を決めた」一一・六％、「自分の荷物を片づけた」八・八％、「エンディングノートをまとめた」五・二％という結果をみると、「終活」ブームといわれているわりには、実際に「終活」に取り組んでいるシニアは少数派であることがわかる。

「終活もケセラセラです豆ご飯」（岩本京子『朝日新聞 地方版・兵庫県』二〇一四年七月三日）。「終活」しないことが自分らしい最期のあり方という選択もあるようだ。

（森　治子）

星野哲『終活難民――あなたは誰に送ってもらえますか』平凡社新書 二〇一四
奥山晶子『「終活」バイブル――親子で考える葬儀と墓』中公新書ラクレ 二〇一三
永井荷風／磯田光一編『摘録断腸亭日乗』上・下 岩波文庫 一九八七

スクールカースト――「スーパーフラット化」する若者世界

スクールカーストとは、児童・生徒を支配する「教室内の見えない序列」のことである。ヒンドゥー教の身分制度である「カースト」になぞらえた、空気のようだからこそ逃れられないプレッシャーとして存在する、教室の雰囲気を指している。いじめ研究の中でこのコトバを早い時期に用いた森口朗は、次のように述べている。「スクールカーストとは、クラス内のステイタスを表すコトバとして、近年若者たちの間で定着しつつあるコトバです。従来と異なるのは、ステイタスの決定要因が、人気やモテるか否かという点であることです。上位から「一軍・二軍・三軍」「A・B・C」などと呼ばれます」(森口朗『いじめの構造』新潮社 二〇〇七)。

女優の米倉涼子が、三五歳にして全日制公立高校に通う馬場亜矢子を演じ、平均視聴率一三・三%の数字をあげた人気ドラマ『三五歳の高校生』は、このスクールカーストをテーマとした作品であった。このドラマの中でも、「ヤンキー系」「ギャル系」「清楚系」「イケてる」などの一軍グループと、「普通」の二軍グループ、そして「パッとしない」「オタク系」「残念な人」「イケてない」などの三軍グループに、教室内で生徒が格付けされ序列化されている。そしてこの序列は、ただの順位付けではなく、授業時間、休み時間、放課後などを問わずに、ほぼ何事においても生徒全員を支配する「教室内の権力システム」でもある。こうした序列をひとたび無視しようとすれば、クラス全員から徹底的に容赦のない深刻ないじめを受けることになる。このシステムは、生徒たちにとって絶対的なものなのである。

実際に、スクールカーストについてインタビュー調査を行った鈴木翔は、次のような事例を紹介している。あるとき、女子生徒の間で流行っていた「プロフィール帳（友だちに書き込みをしてもらうノート）」を、上位グループの女子生徒が下位グループの女子生徒に「書いて」と頼んだ。下位の生徒は喜んで書き、上位グループの生徒に渡した。すると、そのノートを上位グループの生徒はゴミ箱にそのまま投げ捨てた。それを見て「ひどーい」と、しかし笑いながらいう他の生徒の声に、クラスみんなが同調して、くすくす笑う雰囲気に包まれたというのである（鈴木翔『教室内カースト』）。このような真綿で首を絞められるような苦しさに、心をすり減らして生きる高校生の現実が、『三五歳の高校生』のようなドラマを生み出している面は否めない。

一方で鈴木は、スクールカーストの特徴のひとつとして、小学生時代の格付け・ランク付けはいわば「個人差」であるのに対して、スクールカーストでは、それが「グループ差」として認識されていることを指摘している。この「グループ」というコトバも、近年の若者理解には欠かせないコトバである。たとえば、若者たちのコミュニケーションのあり方の変化を、「島宇宙」という概念で述べたのは宮台真司であった。「学校の教室のなかも、かつては教室単位の一体感があったり、女の子でいえばキーパーソンを中心に二大勢力にわかれて対立したりしていたのが、現在では二〜四人ぐらいの小グループに分断されている」（宮台真司『制服少女たちの選択』講談社 一九九四）。「知らない人とも関わる」という社会集団を支えるひとつの原理が教室内で成り立ちにくくなっており、「グループ」という情動性に支えられた自我の居場所としての「群れ」が必要とされている状況をここでは指摘している。このような「グループ」＝「島宇宙」が、クラスの中で序列化し、秩序維持装置として絶対的な権力を持ったものがスクールカーストであるということになろう。

他方で土井隆義は、「とりあえず、○○するとかにする？」といった断定的な意思の表明を行わない「ぼかし表現」など、友だちとの衝突を避け「空気を読む」ことに腐心する、きわめて繊細で高度な現代の若者のメンタリティについて論じている。「友だち地獄」をキーワードとする、グループ内部での人間関係の息苦しさの分析である（土井隆義『友だち地獄——空気を読む世代のサバイバル』筑摩書房 二〇〇八）。それは、土井も議論の下敷きとした、D・リースマンがいうところの「他人志向型」の極北の姿であり、過度な同調性が自己目的化する社会的性格を鏡に映すものである。

ここに見られた社会的性格を、本田由紀はハイパーメリトクラシーというコトバからとらえている。学歴などの業績を上げれば地位と役割が与えられ社会の支配層へと誘われる、というのがメリトクラシーという社会のあり方である。しかし近年の学校教育などでは、業績だけではなく、「人間関係形成力」「自律的に行動する能力」など、つかみどころのない「ハイパーな能力」が多様に求められるようになっている。だからこそ、若者は逆に明確なモデル（正しさ）を喪失し方向感覚を見失わざるをえない。子どもたちが「人気」や「コミュニケーション能力」などが基準となるスクールカーストから逃れられない理由は、それがハイパーメリトクラシーを体現するものであり、そこから逃れることは、同時に現在とこれからの人生において、社会から降りることにほかならないからであろう。この点からすると、スクールカーストのうちに生きる子どもたちの人間関係は、つかみどころのない「ハイパーな能力」を抱えさせられているという意味で、明らかに「膨張」している。また、一年間移動することができない「学級」という仕組みは、一歩間違えば人間関係を鉄格子とした「牢獄」にもなりうる。この意味では「みんな仲良し」を良しとされ、膨張した人間関係の「量」を抱えさせられた「学級」という牢獄の中で、いじめや不登校といった問題は、起こるべくして起こっているといってよい。

ところで、「キャラが立つ」「キャラがかぶる」など、「キャラ」というコトバも、また現在の若者を理解するには欠かせないコトバであり、「スクールカースト」が実践されるときの必須のアイテムでもある。本来、特定の文脈の中で不特定多数の読者や観劇者に発信するものというそもそもの意味とは異なり、ここでの「キャラ」は、固定的な人間関係を維持するための単なる道具であり、部分的な「反応特性」をネタ化して集められた行動傾向である。コミュニケーションをこのような「キャラ」に頼る現代は、人間関係が膨張し、特定の文脈というものが逆に成り立たなくて、世界のすべての現実が、「ひとつの文脈」の中にある単眼的に構築された「スーパーフラット」な社会でもあるのだろう。このことからすると、「何か問題ありますか?」と投げかけてくる先の米倉涼子演じる馬場亜矢子の決めゼリフには、こうした事態を相対化しスーパーフラットな世界に対抗しようとする私たちの意志が示されていると思えて仕方がないのである。

（松田恵示）

鈴木翔『教室内カースト』光文社新書　二〇一二

ファストファッション――格安のデモクラシー

ファストファッションは二〇〇九年の「新語・流行語大賞」(『現代用語の基礎知識』選)のトップテンに選ばれたが、そのときのコメントには「百貨店の苦境が続くなか、売上げを伸ばしている「安くて手軽なファッション」のこと。日本ブランドであるユニクロやしまむら、g.u.が健闘していたが、海外からH&M、ZARA、フォーエバー21などが参画してきたことで、大きな社会現象になった」とある。授賞式には、しまむらの洋服を可愛く着こなす「しまらー」、益若つばさが登場した。「売上げを伸ばしている」ところがポイントかもしれないが、「安くて手軽」ならなんでもファストファッションとも考えられる。

日本でこのコトバが広がったのは、欧米で人気を博していたスウェーデンのH&Mが二〇〇八年九月に銀座に華々しくオープンしてからのことである。世界的に有名な、安くておしゃれな洋服を求めて、当日、店の前には徹夜組も含めて五〇〇〇人にも及ぶ行列ができた。以後、店舗を増やしていったH&Mや、二〇〇九年にオープンしたアメリカのフォーエバー21、以前から日本に上陸していたスペインのZARAなどによって、日本に一気にファストファッション・ブームが到来した。

「安くて手軽な」衣服といえば、それまでにもちろんユニクロがあった。ユニクロは一九九八年、当時一万円ほどしたフリースを一九〇〇円で販売し、二〇〇〇年には二六〇〇万枚を売り上げて国民的カジュアルブランドにと急成長した。二〇〇八年末から翌年にかけての二〇～六九歳を対象にした消費者嗜好調査によれば、女性では六〇～六四歳を除くすべての世代で、男性では二〇～五四歳で、ユニクロは一位の支持率を得ている。また、ファッション雑誌には二〇〇〇年過ぎから、「プチプライス」略して「プチプラ」と呼ばれる低価格な衣服やコスメが特集されていた。「渋谷109、スペイン坂、竹下通り……ガールズショップで一〇〇〇円から探す、スーパー・プチプライスの服」(『オリーブ』二〇〇二年一月)、「プチ・プライス大特集」(『with』二〇〇四年七月)、「プチプラ服で冬のやりくり上手」(『JJ』二〇〇五年一月)など、若い女の子のあいだではオシャレで低価格なファッションは、もはや一種の定番になっていた。そしてユニクロも、プチプラな109(マルキュー)系ファッションも、多くの欧米ファストファッションの企業と同様に、いわゆるSPA(製造小売り)の業態をとっていた。しかし当時、それらは一般にファストファッションと呼ばれておらず、H&Mが上陸した二〇〇八年が、日本の「ファストファッション元年」なのである。

ファストファッションというコトバはファストフードに由来し、それまで北欧やドイツで店舗を展開していたH&Mが一九九八年にファッションの本場パリに一号店を出店し、さらに二〇〇〇年にアメリカのマンハッタンに進出したころから英語圏で多用されるようになった。ハンバーガーやチキンなどのファストフードは確かに「速く」食べられるが、ファストファッションはいったい何が「ファスト」なのか。ブランドにより違いはあるが、パリコレクションなどで発表されるトレンドがすばやく商品に取り込まれる速さ、世界の街の流行が吸い上げられる速さ、商品が企画されてから店頭に並べられるまでの速さ、店舗で商品の入れ替わる速さ、などである。たとえばH&Mは、高級ブティックに並ぶようなトレンディなファッションを(品質のレベルは非常に抑えられるが)、誰もが買える価格で提供するとして「ファッションの民主化」を謳って欧米に広まったし、最大手のZARAでは、最新のファッションを四週間で、追加商品を二週間で作り上げ、ヨーロッパ近隣諸国へは三六時間以内、東欧やアメリカ、アジアなどには四八時間以内に、しかも毎週二回、届けるという。『朝日新聞』（「グローブ」二〇〇九年六月二二日）によるファストファッションの定義、「最新の流行を取り入れながら低価格に抑えた衣料品を、短いサイクルで世界的に大量生産・販売するファッションブランドやその業態」は、この「ファスト」の説明を組み込んだものである。

先述したように二〇〇九年当時、ユニクロは老若男女の強い支持率を誇っていた。だが、それゆえにでもあるが、「ユニバレ」や「ユニ隠し」なるコトバが広がってもいた。低価格・高品質は魅力的ながら、トレンディでなく、低価格＝ダサいとも受け取られ、「ユニバレ」はできれば避けたいことであったのである。しかし、H＆M以来、海外勢を迎え撃つ日本勢、という図式が生まれ、両者はともにファストファッションとなった。このころからユニクロは機能性インナーを次々とヒットさせ、海外旗艦店の展開や、世界的デザイナーのジル・サンダーとのコラボレーションなどにより、グローバル・ファッションとしてのイメージを高めていった。今では「ユニかぶり」もほとんど気にされない。

ファストファッションは安くて手軽と、庶民の味方のようだが、じつは影の部分もある。価格を下げるために労働賃金の低い新興国で製造されることが多く、たとえば最貧国のバングラデシュは衣料品の輸出で世界第二位を占め、「世界の縫製工場」とも呼ばれるが、若年労働や長時間労働、低賃金といった過酷な労働条件や、劣悪な労働環境で知られている。利益優先の違法建築が原因で工場の火災や倒壊が起き、重大な死亡事故も多発している。少しずつ改善されつつあるものの、問題は深刻である。また、低価格衣料は、デザインが比較的単純で、どれも似たり寄ったりになりがちであり、さらに材質、縫製などが粗悪なものも少なくない。あまり愛着を持たず、一年着られれば元はとれる、と、衣服の使い捨て感覚も生じてきている。ファストファッションは、ものを大切にしない大量生産・大量廃棄のシステムの一部を占めるようになっている。

ファストフードに対してスローフード運動が起こったように、近年、スローファッションの呼びかけもある。オーガニック素材を用い、適切な労働環境、公正な賃金で衣服を生産、販売しようとするフェアトレードの動きや、良いものを大事にして長く着る、手作りやリフォームをするという衣生活の提唱がそれである。しかし、人との関係が対面状況だけでなく、ますますSNSなどに媒介されるようになってきている今日、画面の写真では衣服の質はわからないし、コーディネートや小物使いで印象は変わるので、やはり、安さや目新しさの方が重視される。流行は変わりゆくので何ともいえないが、今のところ「ファスト」は「スロー」を抑え、圧倒的に流行中《イン・ファッション》なのである。

（河原和枝）

小島健輔『ユニクロ症候群《シンドローム》――退化する消費文明』東洋経済新報社 二〇一〇
齋藤孝浩『ユニクロ対ZARA』日本経済新聞出版社 二〇一四
エリザベス・L・クライン（鈴木素子訳）『ファストファッション――クローゼットの中の憂鬱』春秋社 二〇一四

ゆとり世代――「自己管理」を他者に管理される矛盾

「空気が読めず社会常識には疎いが、興味があったり、そもそも才能がある特定の分野では、豊かな環境が与えられていることもあってやたら強い」というイメージの中にあるのが、いわゆる「ゆとり世代」である。「ゆとり世代」は、たとえば「本人しか受けることのない」携帯電話という道具が子どもの頃から手の中にあり、マンションでは宅配ボックスが整備され、アマゾンや楽天などのネットショッピングを日常的に行うというように、「他者と出会わない環境」に育ってきた世代である。それゆえに、「知っているから関わる人＝身内」と「知らないから関わらない人＝他人」の二種類だけの人間関係を好む傾向があり、臆病ともいえるほどに「身内」にとどまる人間関係に、安心感を強く持つ世代である。この結果、「知らないけど関わる＝他者」との関係は、経験値に乏しい分だけ苦手にならざるをえない。このことから、そもそも社会というものが「知らない人と一緒に生きる場」である以上、「ゆとり世代」は社会の中では「不思議議系のコミュニケートしにくい若者たち」になる場合も多い。だからこそ「ゆとり」というコトバは、インターネットスラングとして「中坊（中学生レベルの未熟さを揶揄する語。厨房あるいは厨坊を使う場合もある）」や「DQN《ドキュン》（テレビ番組名に由来し周囲に迷惑をかける非常識さを揶揄する語）」に代わって、「あいつ、ゆとり？」など他人をけなす蔑称として、ネットユーザー間では使われたりもしている。「空気が読めず社会常識にも疎い」とイメージされるゆえんである。しかし、当の世代からは「勝手に「ゆとり」と名付けたのは（私たち以外の）あなたたちではないか」と、怪訝な声も聞かれそうである。

ところで、この「ゆとり」というコトバは、学力低下をまねいたと批判される「ゆとり教育」という教育政策がその出自となっている。教育において「ゆとり」というコトバに注目が集まるようになったのは、一九七〇年代に入ってからのことであった。当時の日本は、「奇跡」とも呼ばれる急激な経済成長のまっただ中にあり、教育においても学歴獲得をめぐる過当な競争が繰り広げられ、量的拡大がめざされる社会であった。また、一九七三年のオイルショックを契機に、いわゆる「量から質へ」の転換が意識されるようにもなり、「自分の子どもには安定した生活を送らせたい」といった指向から教育熱はさらに高まり、親子二代にわたって「豊かな生活」をめざしての階層移動が志向されるようにもなる。ところが、この過程で「小学校で七割、中学校で五割、高校で三割」の子どもたちしか授業を理解していないという「七五三教育」と揶揄されるような状況をつくり出してしまい、落ちこぼれを生み出すこのような学校教育への批判が強まっていたのである。

そこで、一九七七年に「学校裁量のゆとりの時間」を組み込んだ学習指導要領が公示され、さらには校内暴力や少年非行など教育不信を高める学校問題が深刻化するなか、①個性重視の原則、②生涯学習体系への移行、③国際化・情報化等変化への対応などを教育改革のポイントとした臨時教育審議会の議論を経て、一九八九年の学習指導要領の改訂では、「詰め込み主義」から脱し「学び方」を重視する新しい学力観（新学力観）が打ち出されることになる。そして「完全学校週五日制導入」「授業時数の削減」「総合的な学習の時間新設」といった、いわゆる「ゆとり教育」の完成を迎える学習指導要領の改訂が行われたのが一九九八年のことであった。これが二〇〇二年より全面的に実施されたことから、一九九六年生まれの子どもたちを、この「ゆとり教育」のいわば第一期生と呼んでよいことになる。学習指導要領の改定から「脱ゆとり教育」として再改訂される二〇〇八年の学習指導要領改訂までの一〇年間が、「ゆとり教育」の中核をなす「ゆとり世代」である。しかし、「ゆとり」が問題となった学校教育やそれを受けた世代はここまでに述べたように実はもう少し広いので、ほぼ三〇年間の教育動向のもとにあった世代がこれにあたるという見方もできる。

こうした出自を持つ「ゆとり世代」というコトバは、しかしこれまでの「世代」に与えられた名称と比較して考えてみたとき、たとえば「団塊世代」「全共闘世代」「しらけ世代」「新人類世代」「バブル世代」「失われた世代」などの世代名とは異なって、教育体験がそのコトバの磁場を創り出していることはおもしろい。社会が成熟化し平行移動ないし緩やかな右肩下がりの時代となった現在の日本で、教育の支配が突出して強まっていることの表れではないか、というのは少し言い過ぎであろうか。

たとえば先にもふれたが、「ゆとり教育」の目玉のひとつとして、道徳、各教科、特別活動というカリキュラムを構成する従来の三つの領域に加えて、「総合的な学習の時間」という領域が、教育課程に新設されている。この時間は、教科書に書かれた決められたことを教えるという各教科の時間とは異なって、テーマはあるものの、教える内容については子どもたちの主体性や自発性を最大限尊重し、大学の卒業論文を書くような授業となっているところが特徴的である。けれども一見、自由な印象を受けるこの時間が、学校の授業である以上、結局子どもたちの自由をコントロールするさまざまな仕掛けに取り囲まれているところには注意を要する。この授業で教員は子どもたちに学習ノートを用意し、「今日やったことは自分で記録して提出しなさい」と伝達する。そして、それを子どもたちの学習活動の一環として評価したりしている。このことは当たり前のようにみえなくもないが、それは結局、自由な学習活動における「自己管理の仕方」を教えているのではなく、自己管理できているかどうか自体も実は「管理」されることを教える教育でもあるのではないか。本当の自己管理というよりは、「自己管理できている」ということを他者に管理される「振りつけられた自己管理」であるといってよい。

「ゆとり世代」あるいは近年の若者が好むコトバのひとつに「夢は叶う」というものがある。人気のあるスポーツ選手やタレントなどもよく使うこのコトバは、ある意味「ゆとり世代」の生きる指針にもなりえているふしがある。しかし、二〇年そこそこしかまだ生きていない若者が、「やりたいことがない」とか「自分探し」に翻弄されてもいる姿はとても奇異に映る。「目的を定めて計画的にそれを実現することこそが大切」という、このコトバに宿る理想は、いささか人生を「管理的」に見過ぎているのではないか。むしろ、「夢は叶わない」けれども「自分は幸福だ」と感じることこそが、実は「ゆとりを持って生きる」ことによってめざされたものではなかったのか。このことからすると、「ゆとり世代」のもうひとつの課題とは、管理の習慣づけによって犠牲となった「遊び」や「ゆとり」のなさなのであり、それはなにもこの世代だけに課せられた問題なのではなく、彼らを「ゆとり世代」と名付けた、私たち全員に課せられた問題でもあるといってよい。

（松田恵示）

苅谷剛彦『教育改革の幻想』ちくま新書　二〇〇二

2

メディア・ネット

炎　上——匿名社会が生む「ネット・イベント」

「炎上」というコトバを聞くと、斎藤真一『吉原炎上』や水上勉『金閣炎上』などの小説を思い浮かべる人もいるだろう。しかし、ここでいう「炎上」は実際に家屋などが火災になっている状況を指しているのではない。物理的にはなにも炎上していない。「炎上」とは、インターネットを利用したブログやツイッターなどに、批判的なコメントが匿名で殺到している状態を指している。

パソコン通信の時代から、フレーミングと呼ばれる感情的な激しい罵り合いは存在していた。ブログが普及し始めるのは二〇〇〇年代であり、「炎上」が発生するのもその頃からである。「炎上」の標的は、有名人や一般人、民間企業や公的な団体までさまざまである。「炎上」が発生するきっかけもさまざまであるが、反社会的行為、非常識な言動、ネット内のマナー違反などが原因であることが多い。たとえば、コンビニの店員がふざけて冷蔵庫に入っている写真を投稿し、店員のツイッターが炎上するような事件が相次いだ。タレントなどの有名人のブログが「炎上」する場合もある。

「炎上」事件のいくつかはテレビや週刊誌にも取り上げられた。そこで問題になったのは、投稿者の非常識な行動と、安易に私的な写真を世界中に公開してしまう軽率な行為であった。投稿者は、匿名であっても他の書き込みから個人を特定され、プライベートな情報をインターネット上に公開され、厳しい社会的制裁を受けることになる。「炎上」の結果、閉店に追い込まれた飲食店もある。いずれにせよ「炎上」の被害は甚大である。

「炎上」が発生する背景には、インターネットの普及が挙げられる。インターネットの普及により、私たちは自由に自分の意見を発信できる環境を手に入れた。その結果、サイレントマジョリティ（静かな多数派）の時代は終わるはずだった。しかし、実際に起こったのはノイジーマイノリティ（騒々しい少数派）の表面化だった。なぜなのだろうか。マスメディアの時代からインターネットの時代になり、私たちは世界中の情報を自由に簡単に入手できるはずだった。しかし、実際はそうではなかったのだ。インターネット社会では、すべての人が同じ情報に接しているわけではない。ニコラス・ネグロポンテが出現を予言した「デイリー・ミー」という自分専用の日刊紙のように、グーグルが提供する情報は私向けにパーソナライズされている。いつも自分好みの情報が提供される環境が出来上がっているのである。このような情報のパーソナライズによって、その個人の好みに合った情報だけがフィルターによって選別されて提供される状態をイーライ・パリサーはフィルターバブルと呼んだ。インターネットの普及により私たちはあらゆる情報に接することができ、さまざまな意見の人たちと自由に議論をして、民主的な社会が実現すると期待した。しかし、実際には、同じ意見の人たちだけが集まる集団分極化が生まれ、サイバーカスケード（cascade は階段状になった滝）という極端な主義主張を持つ人たちが相互に誹謗中傷を繰り返すような状況が発生するとパリサーは警告したのである。個人などを匿名で多数の人が一方的に攻撃する「炎上」は、サイバーカスケードのひとつであると考えられる。

ただ、フィルターバブルによってばらばらになった個人がなぜ集団分極化するのか、なぜ理解しあうことをせずに「炎上」を引き起こすのか。こうした疑問に答える分析がある。川上量生は、

「炎上の本質とは、我がもの顔で新大陸に踏み込んできた新住民に対しての原住民の反撃であり、主導権争いなのだ」という。ここでの「新大陸」とはインターネットの世界であり、「原住民」とは、早くからインターネットの世界の住人となっていた人びとである。彼らは旧大陸（現実世界）では生きられない人びとであり、新大陸に居場所を求めてきた人びとであるという。彼らはいわゆる「オタク」であり「ニート」である。新大陸に遅れて大量の人びとが入植してきた。新住民は、「オタク」ではなく「リア充」（リアルが充実している人）である。ネット新大陸には旧大陸とは異なった独自のルールがある。それを守らない新住民と旧住民との間に軋轢が発生した。「炎上」には、「非リアの居場所がリア充によって浸食され、攻撃されたことへの反撃という構図」がある。「社会正義」はそのような彼らの怒りを正当化する手段で使われているにすぎないと川上は分析したのである。興味深い指摘である。ただそうすると、「炎上」とは自然発生的に生まれたものではないことになる。実際、「2ちゃんねる」上での「炎上」の実行犯は五人以内であるという報告もある。数名が火をつけ「炎上」しているかのように見せ、それを見た人たちによって本格的に「炎上」するという構図である。さらに、それをマスコミが報道すると「大炎上」となる。

かつて、テレビで報道するために仕組まれたイベントをブーアスティンは「疑似イベント」と呼んだ。その特徴は、自然発生的に生まれたものではなく、誰かが報道するために仕組んだものであり、現実との関係が曖昧であるという。その後、大きなイベントが最初からマスコミで放送されることを前提にするようになると、ダヤーンとカッツはそんなイベントを「メディア・イベント」と呼んだ。マスコミがイベントを必要とした時代から、イベントがマスコミを必要とする時代へと移行したのである。そして、いまインターネットの時代となった。ここではインターネット社会の「メディア・イベント」を「ネット・イベント」と呼んでおこう。「炎上」現象は「ネット・イベント」のひとつである。テレビが放送するためのイベントを必要とするように、ネットも「炎上」というイベントを必要としている。他方で、ネットに写真を掲載することを前提にふざけた写真を撮影しているように、日々のイベントはネットを経由することを前提に成立するようになりつつある。イベントが「炎上」し、「炎上」がイベント化しているのである。おそらくこれらの要因が原因となって「炎上」が毎日のように発生しているのだろう。

日常生活の中にインターネット利用が深く入り込んでいるいま、誰がいつ「炎上」の被害者になっても不思議ではない。いつまでこのような状態が続くのだろうか。本当にこのままでいいのだろうか。「炎上」が、「ネット・イベント」から社会や政治の腐敗を厳しくチェックするジャーナリスティックな運動へと変容していく可能性はないのだろうか。私たちは、「炎上」現象の分析だけでなく、「炎上」を発生させているこの社会とは何かをあらためて考えなければならないときにきている。

（富田英典）

キャス・サンスティーン（石川幸憲訳）『インターネットは民主主義の敵か』毎日新聞社　二〇〇三
川上量生監修『ネットが生んだ文化――誰もが表現者の時代』角川学芸出版　二〇一四
荻上チキ『ウェブ炎上――ネット群集の暴走と可能性』ちくま新書　二〇〇七
イーライ・パリサー（井口耕二訳）『閉じこもるインターネット――グーグル・パーソナライズ・民主主義』早川書房　二〇一二

ガラケー――島に生まれ、島に帰る

二〇〇〇年代以降、iPhone に代表される「スマホ（スマートフォン）」全盛時代となった。日本家電産業は、米中台韓に押されまくり、ワンセグ・おサイフ・着メロ・ウェブ接続サービスを、日本人向けに独自に発達させてきたケータイは、「ガラケー」と語尾下がりで呼ばれるに至った。

「ガラ＋ケー」とは、「ガラパゴス＋ケータイ」の意。外来種優勢の「スマホ」と比べ、日本というガラパゴスに似た孤立環境で独自進化してきたハードウエア（機種）を指す呼称で、「フィーチャーフォン」とも呼ばれる。「進化の袋小路にはまりこんだ旧式ケータイ」とみなす、蔑称である。

しかし、歴史をふりかえってみれば一九九〇年前後、モバイル文化（ポケベルやケータイの利用法）を牽引したのは、香港（当時は英領）・日本や、スウェーデン・フィンランドなど、ユーラシア大陸両端の島（半島）的地政環境の国々であった。モバイル文化は、四半世紀前、「島」に生まれた。民族学者・梅棹忠夫の「生態史観」（『文明の生態史観』中公文庫 一九九八）どおり、ユーラシア中央部の大陸帝国地帯と、東西両端の島嶼部とを対比させれば、北欧や極東もまた、どんづまりの辺境である。モバイル文化は、こうしたマージナルエリアの局地的流行として、産声をあげた。

当時のモバイル文化は、独立した「島」的地政空間における高所得・高リテラシーの新しいもの好きユーザー層なくしては、とうてい普及しえなかった。とくに日本では、同質的小集団ごとに細分化された、若者組（年齢階梯集団のひとつ）において、仲間うちだけの縄張り「島の中の島」を構築するべく「居場所機械（テリトリー・マシン）」として、ポケベルやケータイが普及した。

それは、あたかも重ね書きのように実空間の背後に、無限の仮想空間を生成し、そこに「テリトリー」を構築する魔法だった。オンライン上の「結界《バリア》」空間を、筆者は「電脳娘宿《ムスメヤド》」と呼んだ。なかでも数字語呂合わせで以心伝心する「ポケベル暗号」や、今日のLINEスタンプの先駆け「絵文字《エモティコン》」など、「高《ハイ》コンテクスト＝暗号文」的な使われ方は、クールジャパンの前哨だった。

その後ケータイは世界を席巻し、低所得・低リテラシー、目に一丁字なき無辜の民でさえ、「低《ロー》コンテクスト＝平文《ひらぶん》（暗号なしの文）」で使えるよう変質し、またたくまにグローバル化を遂げた。

たとえば中国において、ケータイの呼称は、「大哥大」→「小姐小」→「手机」と三度変わった（まだまだ変わるかも）。「大哥＝コワモテ兄貴のデカブツ・メカ」から「小姐＝かわいいギャルの小物」へ、さらに今では「手机＝ハンディマシン」と素っ気なく呼び捨てられる間に、グローバリズム（新経済帝国主義）に適合する形で、そのソフト・ハードは、スマホへと急速に転換していった。

とはいえ、「独自進化の袋小路＝ガラパゴス」というメタファーそのものが、ミスリーディングではないか？　日本はけっして孤島ではないし、ガラパゴスの生態系もけっして停滞しておらず、今この瞬間も絶えまない進化を続けているからだ。

進化とは、ゆるやかに数千、数万世代をかさねることで、ひとつの種から別の種に変異していくメタモルフォーゼというのが、世間のイメージだろう。しかし、現代の最新進化学説によると、実のところはファッションのように短期間で起こる、めまぐるしい栄枯盛衰プロセスだという。

孤島ガラパゴスの固有種ダーウィンフィンチ（スズメに似た小鳥）は、今なお体型やクチバシの形をめぐって、年ごとの環境変化による淘汰圧力を受けることで、めまぐるしく雑種交配と異種分岐（枝分かれ）とを繰り返し、ときに乾燥や飢餓の危機に襲われて絶滅寸前に陥りながらも、進化し続けている。ガラパゴスは、絶海の孤島でありながら、今なお生きた進化の最前線でもあるのだ。

そもそも、なぜ生物種はあんなに多いのか？　八〇万種以上を数える昆虫をはじめ、なぜ、あれほどまでに細かく、分岐していくのか？

なぜ言語はあんなに多いのか？　人口七〇〇万人のパプアニューギニアに、八〇〇以上の言語が存在するのは、多過ぎないか？

なぜ服はあんなに多いのか？　毎年毎年、新しいモードが生まれる豊穣さには、驚かされる。

結局なぜかといえば、生命や情報は、つねに生まれ滅び、分岐し続ける運命にあるからだ。生物種・言語・ファッションすべて、その生命力の本質は、無限に分岐し、差異を生み出す「多様性」にある。ファッション分化も生物進化も、論理的には同じで、ひとしく生命の営みにすぎない。

ちなみに「ケータイ」という呼称を、学術書で初めて使ったのは筆者らであるが、一時はすべてが「スマホ」に塗り変わる予測すら立てられた。結果的に現在、双方の良さが、見直されている。「ケータイ」という総称の下で、「ガラケー」と「スマホ」が併存し、両者のいいとこどりをした、「ガラ＋スマ」「ガラ＋ホ」と呼ばれる、ハイブリッド（雑種）ケータイさえ生まれている。

実は筆者も流行りの「スマホ」に飛びついたものの、まもなく「ガラスマ」に乗り換えて、現在に至る。なぜなら、スマホは自由度が高すぎるから。オジサンがスマホを使うと、液晶のバーチャルなボタンをいじるうち、ふとした操作ミスが大きな誤作動に……。カメラや音声サービスが突如、起動し始め、知らぬまに静粛な車内空間でシャッター音を鳴らしたり、緊迫した会議の席上、合成アニメボイスが突然しゃべり出したりして、周章狼狽しかねない。

この点、「ガラスマ」なら、安心。地図アプリなどスマホ機能を駆使しつつ、物理ボタンは誤作動が少ないし、二つ折デザインは、シェルのように、ヤワな液晶画面を包み込んでくれる。結局は、島国ニッポン人らしく、「シャイ」な気質こそが、「ガラスマ」人気を支えてたりして……。

いやいや元々、日本人にとってのポケベルやケータイといったモバイルメディアは、誰かとつながる（オン）だけでなく、誰かとの関係を遮断（オフ）する武器、いわば「関与シールド」として、愛されてきたのだ。目の前の親・教師・上司という現実が煩わしいとき、人はケータイをいじり、液晶画面の向こうへワープすることで結界を張り、瞬時に嫌な現実を消去する。逆に、ケータイの中の誰かが煩わしいとき、人は「いま電車が来た！」「急に親・教師・上司が呼んでる！」といった口実で、ケータイの中の人間関係をオフにしてしまう。この両義的なオン・オフ2WAYの二刀流こそが、モバイルメディア最大の利点。その意味では、「スマホ」も「ガラケー」も大差ない。

われわれは、グローバルなプラットフォーム上に、超ローカルなアプリ（「国盗り合戦」的な位置情報ゲームなど）を走らせつつ、二一世紀をたくましく楽しく、サバイバルしていくだろう。（藤本憲一）

J・ワイナー（樋口広芳・黒沢令子訳）『フィンチの嘴――ガラパゴスで起きている種の変貌』ハヤカワ文庫 二〇〇一
藤本憲一『ポケベル少女革命』エトレ 一九九七
藤本憲一「スマートモブズ、ポケベル少女、ながらモビリズム」『社会学事典』丸善 二〇一〇

ググる——気前のいい検索者たち

「ググる」、つまりGoogleで検索する、というコトバを振り返ると、Googleの急拡大だけでなく、ネットの世界の変遷、さらにはヴァーチャルとリアルの境界の急激な変容がわかる。かつて「検索」というコトバは、今ほど使う機会はなかった。もともと検索とは索引を用いて文書などから必要な語や該当部分をさがし出すことであった。『広辞苑』で「検索」を引くと第四版（一九九一）では「調べさがすこと」、第五版（一九九八）では「文書やデータの中から、必要な事項をさがし出すこと」となっている。第六版（二〇〇八）でやっと「検索」の下に「検索エンジン」という項目が立つ。「検索エンジン」というコトバもかつては「サーチエンジン」という英語的言い方が一般的だった。『現代用語の基礎知識』（自由国民社）をみよう。「サーチエンジン」の語が、若干日本語的な「検索エンジン」に置き換わったのは二〇〇二年版からである。さらに、検索エンジンの事例がgooなどから、Googleに切り替わったのが二〇〇四年版。二〇〇七年版で「ググ（Google）る。」の表記で「ググる」は項目化され「パソコンでこれをやれば〝調べたことになる〟という勘違い、ともとれるし、これで調べられる程度の知識はもう必要なくなったのかも」と解説されている。

「グーグル」から「ググる」のように、名詞が動詞化することは、コトバの普及過程でよくおきる。現在では、Googleは検索エンジン名だけではなく、会社名としてもよく知られている。かつて、Googleは各種「検索エンジン」のうちのロボット型検索の仕組みを持つもののひとつという程度の認識だった。二〇〇〇年ごろは、検索エンジンを使っても、探したい情報が出てこなかったり、使えない情報だらけだったりすることが多かった。それは、検索エンジンだけの問題ではなく、ネット上に情報が十分なかったこともある。そして、検索はより適切に、本人にそった情報を表示できるようになってきた。多くの検索エンジンはＡＩ（人工知能）化され、自己学習し、より適切なものを取り出してくるようになった。私たちは、ネット上でつぎつぎに増殖し、あふれかえる情報に、検索エンジンなしでは対処できなくなってきている。

大学の教員たちはネット上の情報はあやしい、Wikipediaを使うな、コピー＆ペーストは学問への冒瀆だなどと学生さんに怒ることが多い。検索への批判は、思考力の劣化と盗用の防止に重きが置かれてきた。その文脈に位置づけられる語として「グーグル脳」（二〇〇七年版）や「検索バカ」（二〇一〇年版）などが挙げられよう。逆にネット上の掲示板などであれこれ質問する者に対し、検索ぐらい自分でしろよ、このカスめ、という意味で「ググレカス」（二〇〇八年版）というコトバが投げつけられることもあった。こうなると検索しないより、検索するほうがまだましだということになる。しかし、近年では検索に関する批判や違和感は、検索が思考力を下げるのではないか、そしてオリジナル軽視につながるのではないかといったものとは異なってきた。

「われわれはあなたがどこにいるか知っている。どこにいたかも知っている。あなたが考えていることもおおよそ把握することができる」（城田 二〇一五）

これは、グーグルのＣＥＯエリック・シュミットの二〇一〇年一〇月の発言である。そもそも、検索を牛耳るGoogleとはどういう会社で、何を目指しているのだろうか。

『米国会社四季報二〇一五年春夏版』（東洋経済新報社 二〇一五）をみれば、二〇一五年三月のデータで、Googleは、時価総額三八一七億ドルで、世界のソフトウエア・サービス業界のトップである。同業種内二位のマイクロソフトが時価総額三四六八億ドル。テクノロジー・ハードウエア業界の一位であるアップルは時価総額七四二六億ドルである。Googleは、一九九八年に会社を設立、二〇〇四年に上場した。市場は、Googleを単なる検索エンジン会社と見ていないことはこの時価総額からもわかる。二〇一四年度の営業収益は約六六〇億ドル、営業利益は約一六八億ドルである。この額の約九五％は広告収入によるとされている。検索エンジンで高シェアを獲得すれば、検索連動型広告の収入は激増する。極端な比喩だが、Googleを使っているとき、その検索画面は視聴率一〇〇％のテレビ番組状態である。しかも、テレビと違いネットは双方向性が強い。Googleは、その画面に使用者の検索傾向や履歴にあわせた広告をおくりこむ。Googleのメールサービスである Gmail や、子会社 YouTube で集めたデータを連動させれば、広告精度はさらに高まる。

私たちが「ググる」際、Google側の情報収集は、検索機能の向上のためということになっている。私たちはこちらが主導権をもち、検索エンジンを道具のように使って情報の海のなかを覗き込んでいる感覚をもつかもしれない。しかし、「ググる」間、私たちはさまざまな情報を検索エンジン側に提供させられている。Google や YouTube の利用で、嗜好を知られているだけではない。いつごろ、どのくらいの時間、どのくらいの頻度で検索し、音楽を聴き、画像を見るか、商品の購入状況すら推測できる。誰といつ連絡を取り合っているのか、職場の人間関係、友人関係など。さらに Google の携帯端末用ＯＳ、Android を使う人であれば、位置情報などまで提供している。

Gmailの容量の大きさをGoogleの気前のよさととらえる人はいても、それが大量の情報を解析するためであり、その容量の大きさはGoogleの解析能力のあらわれであると考える人は少ないだろう。検索はタダだという感覚を持ちがちだが、私たちはGoogleの莫大な広告収入の源泉である情報を無料で寄付しつづけ、検索エンジンの人工知能を検索を通して改良しつづけている。気前がいいのはGoogleではなく、私たちGoogleの利用者なのだ。

Googleは現在、音声情報認識の技術の向上（文字入力不要の端末、会話型ロボット開発と関連）、自動運転による車の開発などに取り組む。ヴァーチャルな世界での収益を、つぎつぎにリアルな世界へと持ち込み、これからヴァーチャルとリアルの関係をどんどん再編していくだろう。サービス業や販売業などの第三次産業でおもに生かしてきた技術を、自動車などのよりリアルな第二次産業の分野へと援用する。私たちはトヨタやホンダとGoogleの開発競争をなんとなく感じていても、まだリアルなかたちでみる機会はあまりない。しかし、それをいやというほど目の当たりにする日はすぐ来るだろう。しかも、その当事者のトヨタやホンダの社員さえも日々ググり、Gmailを使い、いつのまにかGoogleの人工知能の開発に協力しつつ、資金を提供してしまうという皮肉な状態にある。そう考えると、「ググレカス」と悪態をついたり、「ググレカス」という架空の古代ローマの思想家をつくってヴァーチャルな世界の中で戯れていた時代は、牧歌的だった。（西村大志）

小林雅一『クラウドからＡＩへ』朝日新書 二〇一三
小林雅一『ＡＩの衝撃』講談社現代新書 二〇一五
城田真琴『パーソナルデータの衝撃』ダイヤモンド社 二〇一五

クレーマー——お客さまは、カミサマですか？

一九九四年、一本のテレビＣＭが反響を呼んだ。レジの前に現れたおばちゃんが、画面には姿の映らない店員に向かってしゃべり続けながら、次々と服を脱いでいく。「にーちゃん、これオバンくさいんやねん！　ほんならな、ちょっと替えて？　な、おばんくさいわ、これ。ちょっと替えて……ちょっとな、ほかの見てくるわ！　替えてな！」。下着姿になって売り場のほうに小走りで向かうおばちゃんの姿に「ユニクロは理由を問わず返品交換いたします」との文字が重なる。ユニクロのトップ柳井正が、みずから最高傑作というＣＭである。「最高傑作だったと、僕はいまでも思っていますよ。社内ではずいぶん反対意見が多かったんですけど（笑）。（中略）結果としてはファッションと縁遠い感じになってしまって……。ユニクロの知名度は上がったけど、イメージはダウンしたと思います。でも、いい広告だったと思いますよ」（『ユニクロのデザイン』誠文堂新光社　二〇〇八）。

この広告に励まされたわけではないが、ユニクロにクレームを言いにいったことがある。黒の綿ジャケットを買って数日後、にわか雨にあった。少し強い雨に風もあって、傘もそれほど役に立たない。肩から背中にかけてすっかり濡れてしまった。家に帰ってすぐに、ハンガーに掛けて乾かしておいたら、濡れた部分の周囲を縁取るように、白いシミのようなものが筋状に浮かび出ている。黒の布地だけにえらく目立つ。買って間がないころだったのでレシートも残っていた。少しドキドキしながらユニクロの店に行き、店員に事情を説明する。話を聞いた店員は「店長を呼びます」と事務所に向かい、しばらくして出てきた店長は、こちらの説明を確認すると、返品するか交換するかを聞いてくる。交換を申し出ると、すぐに同じ服を取りに行き、試着を済ませると包装して渡してくれる。店に入って、終わるまで二〇分あまりのことだ。念のため、白くなった理由の説明を求めると、こちらではわからないので、後日連絡するとの返事があった。数日後の電話で、布地の仕上げ工程にミスがあり、何かの薬品が十分には洗浄できてなかった。その薬品が、雨に濡れたことで浮き出てきた、とのことであった。お店の対応と説明に納得したので、それだけで終わった。

というわけで、私はクレーマー、つまり「企業に対して常習的に苦情を訴える人。」（『広辞苑』第六版 二〇〇八）になりそこねた。それにしても、しんどいことであった。せっかく買った上着にシミができてがっかりしてから、お店にクレームを申し出るまで、ためらいがあった。面倒くさいという気分もある。まあ、いいか、とあきらめることもできた。それを、店まで足を運び、店員に申し出る。かなり気の重い行動である。しかし、店員に話したあとはスムーズに進み、代わりの服を受け取って店を出るころには、気負った気分はすっかりなくなっていた。こんな経験をすると、クレーマーというのはエライものだと思う。粘り強く交渉を続けるパワーに圧倒されてしまう。

「おたくさんみたいなのは、お客さんじゃないですよ、もう。クレーマーっていうの、おたくさんは。クレーマーっていうの」。一九九九年六月、ホームページ上で公開されたこの東芝社員の音声によって、おそらくそれまでは、企業の渉外担当者などの間でしか使われることのなかった「クレーマー」というコトバが、一躍知られるようになった。いわゆる「東芝クレーマー事件」である。当事者双方への克明なインタビューに基づく前屋毅著『全証言東芝クレーマー事件』（小学館文庫二〇〇〇）を読むと、東芝側の対応のささいなミスとお客の側の思い込み、このボタンの掛け違えから始まる誤解と相互不信の連鎖が、少しずつ広がっていく様子がみえてくる。暴言が公開されたことの影響は大きく、東芝にはいくつもの苦情が寄せられる。企業イメージも傷つき、売上げにも影響してくる。ついには副社長が出向いての謝罪という、製品不良への修理・返品要求ということの発端からは予想できないようなところにまで行き着いてしまう。世間の反応も変化する。暴言が公開された段階では東芝を非難する声が大きかったのが、副社長の謝罪の後には、苦情を寄せた人が逆に悪質な「クレーマー」だと攻撃されるようになってくる。

メディアが報じるのは、ことがらの全体像ではない。報道に値すると感じた一部分を切り取って、それを拡大する。「クレーマー」というコトバが一人歩きを始めると、そのイメージを拡大し、補強する報道が続くことになる。一九九二年の「マクドナルド・コーヒー事件」は、二七〇万ドル（約三億円）の賠償金額が注目され、コーヒーをこぼして火傷しただけで数億円のお金になるという、いびつな訴訟社会アメリカというイメージが広められた。実際は、火傷への治療費請求裁判であり、陪審員が決めた賠償金額は担当裁判官によってほぼ六分の一に減額された。最終的な支払額は、和解で決まったため公開されていないが、六〇万ドル（約七〇〇〇万円）に満たない金額と推定されている。この顚末を追ったドキュメンタリーがＮＨＫでも放送されたが、いまだに巨額賠償金裁判というイメージは消えず、クレーマーというコトバとともに、想起されることになる。

東芝事件にせよ、マクドナルド訴訟にせよ、発端はささいなことである。しかし、最初のミス、その処理を誤ると、ことは次第にエスカレートしていくことになる。苦情・クレーム対応アドバイザー関根眞一著『苦情対応実践マニュアル』（ダイヤモンド社 二〇一〇）によると、近年自分の職場で苦情が増えていると思う人が四割近くいるそうである。その理由として、関根は、バブル崩壊後の長引く不況へのいらだち、経済格差が広がったことへの不公平感、コミュニケーション能力の不足による対応の失敗を挙げている。しかし、昔から苦情はあった。その原因として「こちらの配慮不足」と考える担当者が半数以上を占めている。そしてお客が配慮に欠けると感じるのは「いい加減な対応」「態度が悪い」「間違いがあったとき」、この「不満・不安・不公平」から苦情・クレームが生まれてくる。苦情・クレームは今後も増え続けるだろうと関根は言う。商品への苦情と見えるものであっても、実は、売り時の態度や接客の満足度からくる場合が増えてくる。時間にゆとりがある高齢者であれば、苦情を言うことを面倒がらなくなる。ちょっとしたことで文句を言う。これが苦情が増える原因であるというのである。

買った品物の交換・返品を申し出るだけでも気が重くて、あきらめることを考えるような人間には、クレーマーといわれる人たちの行動には驚嘆するばかりである。しかしそのいっぽうで、こんなふうに少しずつ事態が進んでいくのであれば、同じような行動を取るかもしれない、とも感じることがある。源に怒りのエネルギーがあるだけに、いまさら後には引けない、といった気分で突き進むかもしれない。関根によると、「苦情を最もよく言うのは六〇代」だそうである。アンケートの回答に「年配者はいきなり怒鳴り出す場合が多い」ともある。すでに私の年齢もそのなかばを越えた。

（常見耕平）

多田文明『私をクレーマーと呼ばないで』アスキー新書 二〇〇八

ソーシャルメディア——社交と孤独の世界

ソーシャルメディアとは、人びとが交流したり、情報、アイディア、画像や動画を共有したり交換したりすることができるウェブサイトやアプリである。

ソーシャルメディアの歴史は一九八〇年代後半までさかのぼることができる。当時、日本ではパソコン通信が人気を集めていた。まだソーシャルメディアというコトバはなく、利用者も限られていた。一九九〇年代末から二〇〇〇年代にかけてパソコン通信からインターネットへの移行が始まる。当初は、大学や一部の企業に限られていたが、一般に利用できるプロバイダが登場し利用者は拡大していった。そこでは、ホームページと呼ばれた個人用のウェブサイトが人気を集めた。それを利用して自分の意見や趣味などを世界に向けて発信することができるようになった。一九九九年には匿名の掲示板「2ちゃんねる」が登場する。この頃までに、日本では掲示板、日記、個人ニュースなどのサイトが出来上がっていた。二〇〇〇年代になるとブログが人気を集める。ホームページに比べると簡単に作成でき更新も手軽であるため、自分専用のブログを立ち上げる人が増加した。食べ歩き、料理、旅行、音楽、映画などさまざまなジャンルのブログがあり、読者もコメントを簡単に書き込むことができた。そこから人気ブログも登場した。人びとはマスコミよりも人気ブログの情報を参考にするようになり始めた。レストランを選ぶときはグルメのブログ、旅行をするときは旅のブログで評価が高いところを選ぶようになった。企業もメディアだけでなくブロガーも招待して新しいサービスや新製品の情報を提供するようになる。インターネット上のコメントを収集分析し、商品開発やマーケティング戦略に生かそうという動きも登場している。ソーシャルメディアは社会運動でも大きな力を発揮した。たとえば、二〇一〇年にチュニジアで発生した「ジャスミン革命」と呼ばれる民主化運動は、ソーシャルメディアで反体制デモが呼びかけられた。このように多くの利用者が誰でも自由に発言し情報を交換できるインターネット利用をティム・オライリーはWeb2.0と呼んだ。ソーシャルメディアはこのWeb2.0のメディアの総称だといえる。

ただ、インターネットには匿名性にともなう不安がつきまとう。そこで、実名での利用をうたうサービスが登場し人気を集めた。利用者が写真入りで実名を公開し、さらにお互いに自分のパソコン内のアドレス帳を公開し「友だちの友だちの友だち」というように友だちのネットワークを拡大するソーシャルネットワーキングサービス（Social Networking Service、以下SNSと略記）は、フレンドスター（二〇〇二）によって米国で爆発的な人気を集めた。その後、音楽などに焦点をあてたマイスペース（二〇〇三）などを経て、その人気はフェイスブック（二〇〇四）へと移っていく。このような友人のネットワークはソーシャル・キャピタル（社会関係資本）といえるのではないかという議論が起こった。実際、米国で二〇〇三年にサービスを開始したリンクトインは、企業向けに人材の採用やビジネスパートナーを探せるSNSである。約一年で三億人以上のユーザーを獲得したのである。日本では、二〇〇四年にミクシィとグリーがSNSサービスを開始した。その後、日本国内でもスマートフォンの普及とともに、SNS人気はフェイスブックに移った。二〇〇六年よりサービスが始まったツイッターも人気を集めた。ツイッターはミニブログと呼ばれ、ブログに比べると一四〇字の短文しか書けないが、今の自分の気持ちを伝えるには十分であった。

ソーシャルメディアは、モバイルメディアでの利用へと拡張することにより、さらにその姿を変えていく。二〇〇九年に開始されたフォースクエアは、位置情報サービスである。世界中のどこでも「チェックイン」（その場所に来たとの知らせ）することができ、その場所（空港や橋、カフェ）を登録しメッセージを残すことができる。また、ほかの人が登録した場所に「チェックイン」することもでき、その場所に残されたメッセージを見ることができる。食べ歩きのブログもスマートフォンがあれば、食事の写真を撮りコメントも入れてその場でページを更新することができる。このようにスマートフォンの登場はソーシャルメディア利用に拍車をかけた。

他方で、「ソーシャル疲れ」といわれる弊害が発生した。海外ではＦＯＭＯ（Fear of missing out）やＭＯＭＯ（Mystery of missing out）と呼ばれている。フェイスブック、ツイッターなどで、友だちの日常をチェックしなければならないという強迫観念や、ミクシィの「足あと」やフェイスブックの「いいね！ボタン」の機能などが疲れの原因だとされる。周りから取り残された人に対する評価も厳しくなり、「ぼっち飯」「大学ぼっち」「ぼっち社員」といったコトバまで登場した。それは、ひとりぼっちでランチをしている人、大学に入学したが友だちが一人もいない学生などを不気味な存在であるかのように表現したコトバである。シェリー・タークルはソーシャルメディアでつながることが逆に孤独を作り出していく現象を「Alone Together」と呼んだが、「ぼっち飯」と友人を見下す人も孤独と隣り合わせなのである。

ただ、ソーシャルメディアにはもうひとつ別の顔がある。最近、「ソーシャル飲み」「ソーシャル焼肉」「ソーシャル・アパートメント」といった現象が生まれている。「ソーシャル飲み」「ソーシャル焼肉」は、ネット上で知り合った人に声をかけて数名で開催する飲み会である。単なる親睦会ではなく、一種の異業種交流会である。「ソーシャル・アパートメント」に入居すれば、日常生活そのものが「ソーシャル」化する。職場の飲み会や社員旅行などは遠慮したい。地域やマンションの自治会などに入るつもりもない。それぞれ自分の世界を守りながら、みんなと楽しく盛り上がりたい。そんな矛盾したアンビバレントな欲望があふれているのが「ソーシャルの世界」なのであり、それらを満たしてくれるメディアがソーシャルメディアなのである。

その後、二〇〇九年から二〇一一年にかけてワッツアップ、カカオトーク、微信、ラインなどのモバイルインスタントメッセンジャーがサービスを開始し、世界各国で急速に登録ユーザーを拡大した。これらは、仲のいい友だちと二人だけ、あるいは数名でお喋りをするアプリである。それは、友だちのネットワークを拡大するＳＮＳとは逆向きの小さく閉じられたコミュニケーションである。ここでも「既読スルー」（メッセージを読んでもすぐに返信しないこと）が、相手に与える不快感が心配になり新たな「ソーシャル疲れ」の原因とされた。ソーシャルメディアは、私たちに自由に情報を発信したり情報を共有したりする場、新しい出会いの場を提供している。今後はソーシャルメディアがますます社会の中で重要な役割を果たすことになろう。しかし、「仕事の疲れ」がたまっている私にとって、ソーシャルメディア社会はあまり住みやすい社会ではなさそうだ。（富田英典）

湯川鶴章『爆発するソーシャルメディア』ソフトバンク新書　二〇〇七
伊藤昌亮『フラッシュモブズ――儀礼と運動の交わるところ』ＮＴＴ出版　二〇一一

ネトウヨ——悪意の共同遊戯

「ゴキブリ朝鮮人を日本から叩きだせ！」「竹島に居座る不逞韓国人を射殺しろー！」「おい、コラ、そこの不逞鮮人！　日本から出て行け！」といった、聞くに耐えないような罵声が街中に響きわたる。日の丸や旭日旗をたくさん掲げたデモ隊が、「韓国との国交を断て」などと書かれた横断幕やプラカードを持って、在日韓国・朝鮮人が多く暮らしている東京・新大久保や大阪・鶴橋の通りを練り歩き、マイクでこうした下卑たアジテーションを声高に繰り返し、ときに通行人との間で激しい怒鳴り合いにさえなる。

公称で会員一万五千人以上という日本最大のネット右翼団体「在日特権を許さない市民の会」（在特会）のこうした煽情的なデモ行進の光景が、人権を無視したヘイトスピーチ（憎悪表現）として人びとに大きなショックを与え、国会で取り上げられるなど大きな社会問題になったのは二〇一三年のことだった。ただし同年、京都朝鮮第一初級学校の周囲で在特会が繰り返し行った街宣活動が「人種差別」であると京都地裁によって認定され、損害賠償の支払いを命じる判決が出るなど、さまざまな批判を受けた後は、彼らの憎悪表現は以前よりは抑制されるようになった。

このデモ行進を行った「在特会」とは、在日韓国・朝鮮人が「特別永住資格」「朝鮮学校補助金交付」「生活保護優遇」「通名制度」といった四つの「特権」を不当に得ているとし、その撤廃を目標に掲げて二〇〇七年に結成された団体である。それまで在日の人びとは戦前日本の植民地政策の被害者としてみられ、マイノリティとして差別されていると考えられてきた社会常識を一八〇度転換させ、むしろ在日の人びとの特権が原因で日本人の生活保障や雇用機会が奪われているのだから、その特権を撤廃すれば日本人の豊かな生活を取り戻すことができるという、いささか客観的な根拠を欠いて妄想としか思えないような在特会の主張は、しかしインターネットを通じて一部の人びとから強い支持を得て、数年のうちに会員を増加させた。

むろんこうした新しい右翼的・愛国的活動が活発化した背景には、日本と中国・韓国との外交関係が二一世紀に入って、靖国神社参拝問題、従軍慰安婦問題、歴史教科書問題、北朝鮮拉致被害者問題、さらに竹島／独島（韓国）や尖閣諸島／釣魚島（中国）をめぐる領土問題などを通して急激に悪化したことや、それにともなって中国で大掛かりな反日暴動が起きたり、韓国の日本大使館前で反日的示威活動が繰り返し行われたりしたことへのナショナリズム的な反発という側面があるだろう。さらには日本の経済成長が鈍化して格差社会や非正規雇用の増大といった労働環境の悪化が明らかになり、そうした社会的な閉塞感や生活の先行き不透明感の結果として排外主義が生まれたという側面も見逃せないだろう。こうした視点からは、日本における排外主義的思想の急成長は、ヨーロッパのフランスやオランダなどで起きている移民排斥的な極右政党の急速な伸長と比較可能なグローバルな社会現象の一部といえるかもしれない。

だが日本の「ネット右翼」の特徴を考えるときには、こうした現実社会における「右翼」的活動という政治的視点よりも、それが「ネット」を基にしたヴァーチャルな活動であるというもうひとつの文化論視点の方がもっと重要になってくるだろう。そもそも在特会の活動は、一九九九年にサービスが開始された、インターネットの匿名巨大掲示板「2ちゃんねる」の投稿者たちのコミュニケーションから生まれたものだ。デモ活動を実践する会員の多くは、インターネット上のハンドルネームを使って本名を隠したまま活動している場合が多いし、デモ行進の様子は必ずネットによって生中継されるので、日本中の支援者たちは、その中継動画のデモの様子に呼応しつつ、遠く離れた場所から罵倒表現を書き込んでゆく。だから彼らの政治的活動のスタイルは、つねにネット文化と密接な関係にあるといえるだろう。

じっさい、韓国・朝鮮人に対して「ゴキブリ」とか「死ね」といった汚いコトバを投げつける在特会のやり方は、「2ちゃんねる」ではすでにお馴染みのものだった（「嫌韓厨」と呼ばれていた）。だからその意味では、在特会のデモ行進は、ヴァーチャルなネット活動の現実のストリートへの拡張という意味を帯びているように思われる。

例えばネットでは、誰かのブログでの失言に対して、ネット参加者が次々とやってきてはその当人を罵倒するコメントを書き込む「炎上」という現象が知られているだろう。その「炎上」の参加者たちは、本気でその失言に怒っているというよりも、それをネタにしてみんなでお祭り的に批判することを遊戯的に楽しんでいる。こうしたネット的な悪意の共同遊戯とでも呼ぶべき現象が、政治的な意味を孕んで現実社会にまで飛び出してきたとき、「ネット右翼」が生まれ、「ヘイトスピーチ」が発せられる。したがって、在特会が掲げる政治的目的は、「在日特権の剝奪」という、それまでの右翼が掲げてきたような国家や社会の理念を追求したものとはおよそかけ離れた、怨恨的で卑小なものになってしまうのだ。

こうして考えてみると、ネット右翼が「左翼」でなく「右翼」であるということもまた、政治思想というよりもネット文化の特徴の反映のようにみえてくる。なぜネット文化は、左翼に冷たく（リベサヨと批判的に呼ばれる）、右翼思想に親和的なのか。おそらく、左翼思想が、いまここにある社会を変えて理想の社会をめざす立派な「タテマエ」からできた思想であり、生活実感をともなわない、どこか嘘っぽい思想だからである。パーソナル・コンピューターの文化は、そうしたタテマエで作られたマスコミや学校や旧来の知識人たちの思想に対抗して、もっとパーソナルな感覚で作られた「ホンネ」の文化がめざされるところに魅力があった。だからネット文化では、理念としての平和国家とか、植民地支配の反省といったマスコミや知識人のタテマエ的な論調を徹底的に嫌って、在日特権のために日本は不幸になっているなどという漫画的な陰謀論や「ゴキブリ」といったホンネ的な表現を横行させてしまうのだ。

こうした彼らの発言の醜さや間違いを学問や正義のコトバによって批判するのは簡単だが、しかしそうした彼らの発言を生み出したのは、まさにそうした正義のコトバのタテマエ性へのホンネ的反発であったことを思い起こせば、そうした彼らの心情を含めてこの社会の文化や心理のありようを客観的に記述していく学問の作業は、実はなかなかに困難だと思われる。

（長谷正人）

安田浩一『ネットと愛国——在特会の「闇」を追いかけて』講談社 二〇一二
北田暁大『嗤う日本のナショナリズム』ＮＨＫ出版 二〇〇五

ビッグデータ——ゴミ情報の貝塚を掘る

ビッグデータとは、デジタル（電子）化されているとはいえ、本質的には巨大で雑多なノイズ（ゴミ）情報の堆積を意味している。ユーザーが各段階で情報をやりとりしつつ、その旨味や滋養を味わい、しゃぶり尽くした後の廃棄物であり、新陳代謝の最終形、ほとんど排泄物である。

俗に、「よそもの・バカもの・わかもの」が世の中を変革する力をもつという。一八七七年、日本人が無視してきた古代のゴミや排泄物の山を、アメリカ人動物学者エドワード・モースが、大森貝塚として「発見」した。その一〇〇年後、霊長類学者・山際寿一は、アフリカで現地人が見向きもしないゴリラの糞を洗って内容分析した。よそもの・バカもの・わかものパワーで、ゴミや排泄物は宝に化ける。ギリシャ神話のミダス王のように、触れるものすべてが黄金に変わる。

ツイッターやフェイスブックなどＳＮＳ（ソーシャルネットワーキングサービス）上の他愛ないおしゃべりやスタンプ（絵文字）のやりとり、スーパーやコンビニＰＯＳ（ポイントオブセールス）の購買履歴など、日々、天文学的単位のゴミ情報が飛び交っている。これぞ、ビッグデータである。

二一世紀のマーケティング手法は、経済指標や国勢統計といった量的データ、インタビューや参与観察といった質的データから、それらを質量とも凌駕する、ビッグデータ分析へ移行しつつある。

ＩＣＴの発達（コンピューターの並列化・クラウド化）により、ビッグデータを逐一整理、分析処理したうえで、しかるべきユーザーに、しかるべき情報をピンポイントで発信していくことが可能になったからだ。たとえばGoogle（グーグル）社の場合、ネットでの検索サービス利用は無料だが、個人個人の検索履歴に応じてピンポイントで広告呈示する、AdWords（アドワーズ）というビッグデータを活用したビジネスモデルで、巨大な広告費を得ている。

そもそもメディアの世界では、ほぼ例外なく「軍・用・情の三段階法則」が成り立つ。古代の凧からインターネットまで、まず軍事用に開発されたニューメディアが民間のビジネス（用事）に転用され、遊びや情事に転用されていく法則である。

かつて軍事においては、「象の檻」（通信傍受アンテナ）のインパクトある外観や、「エシュロン」（全世界傍聴・盗聴網）の暴走ぶりが、ニュースをにぎわせた。今や軍事用の通信傍受（および解析・迎撃）システムが、国家独占物ではなくなり、ビッグデータ分析という形で、商社や広告代理店、マーケティング・コンサルタントといった民間の情報産業レベルで、運用可能となったのだ。

たとえていえば、見た目はちっぽけなコンビニといえども、その情報傍受・解析・迎撃（売れ筋商品の陳列）能力において、最新型イージス艦に匹敵する。もちろん、イージス艦は、個艦としては、平凡な駆逐艦にすぎない。その背後に、データ分析・総合・立案できる統合戦略本部が控えており、最前線と後方本部が電子ネットワークで直結していてこそ、力を発揮する。

同様に、コンビニの各個店も、購買履歴データを取り込むイージス艦役を果たしている。その背後で、チェーンストアのマーケティング本部が、ビッグデータを分析・総合・立案する後方支援をしてこそ、それぞれの店頭で販売力を発揮できる。

ビッグデータが注目される以前、おしゃべりやレシートは、ただのノイズであり、無意味なゴミにすぎなかった。それらをモノ好きにも拾い集め、系統的に独自の意味づけをし、学として成り立たせた点で、今和次郎による「考現学」の先見の明（一九二七）は、時代を超越していた。かの名高いＭＩ５（英国機密情報部）誕生（一九〇九）に遅れをとったとはいえ、「傍聴・盗聴の総本山」ＣＩＡ（米国中央情報局）誕生（一九四二）よりは、はるかに先んじていた。現代風俗研究者・路上観察学徒は、ビッグデータ的なノイズ情報の貝塚掘りに先鞭をつけた独創を、もっと誇っていい。

「考現学」とビッグデータ分析を比較していえば、学術（非営利）目的vs.商業（営利）目的という対立点だけでなく、属人（個人）的vs.離人（法人）的という対立点が見出せる。「考現学」の好奇心はつねに、「面白そうな情報」から「より面白い人間社会」の探求を志向する。それに対し、ビッグデータ分析は、「儲かりそうな情報」から「より儲かりそうな未来の購買ニーズ」を志向する。そこでは、人間や社会のありようは捨象されてしまう。それは、環境医学者・中川米造が、「検査データだけを見て、患者に触れず、顔すら見ない」と現代医学を批判した論点に通じるだろうか。

では、両者は永遠に水と油かといえば、実はフシギなハイブリッド形態が生まれている。それは、孤高無頼の「私立探偵」が、情報化・組織化・営利法人化された、現代版の「マーケ探偵」である。

たとえば、行動観察研究所*によると、その実績として「駅構内での利用客の迷い行動の実態観察」（近鉄とコラボ）、「キッチンおよび洗面所でのユーザー実態観察」（パナソニックとコラボ）、「イマドキ男子のグルーミングに関する行動実態調査」（マンダムとコラボ）が挙がる。

もっとお手軽なのが「覆面調査員」。ウェブサイトでは、いろんな「覆面調査員」公募が花ざかり。「覆面調査員ミステリーショッパー」**によると、「ミステリーショッパーとは……一般のお客様にまぎれて店舗に来店し、定められた調査項目に沿って評価をして頂き、調査レポートを作成・提出して頂きます。普段、店舗を利用する中で感じる店舗に対しての満足度や不満・改善すべき点などを顧客目線で調査します」というミッションを与えられる。

肝心のギャラは観察対象の店舗形態によって異なるが、一回一五〇〇円（クリーニング店）から、八〇〇〇円以上（温泉旅館）まで。「謝礼金には調査の際にかかる費用（飲食代や購入費・交通費・通信費・レポート作成料）が含まれています」とのことで、ほとんどは、実費・経費分のみでギャラは消えてしまう。古き良き探偵なら、「調査実費はギャラとは別。経費は別途、全額請求させてもらいます！」と啖呵を切りたいところだ。実費・経費のみとは、あまりに寂しい探偵業の零落ぶりだが、こうした限りなくボランティアに近い「マーケ探偵」業に憧れて、応募者が殺到しているらしい。

実はビッグデータ分析が全盛になる以前から、「サーチャー」という情報検索のプロ職種があり、「検索技術者検定」という公的資格もあった。が、今や検索術は、専門技術というよりも、しだいに一般市民のメディアリテラシーとして、生存技法化《ライフ・ハック》しつつある点は、まちがいないだろう。

（藤本憲一）

藤井大洋『ビッグデータ・コネクト』文春文庫　二〇一五
今和次郎『考現学入門』ちくま文庫　一九八七
藤本憲一「生活財生態学法——アートと日記をフィールドワークする」工藤保則・寺岡伸悟・宮垣元編『質的調査の方法——都市・文化・メディアの感じ方』法律文化社　二〇一〇

＊ http://www.kansatsu.jp　＊＊ https://www.mysteryshopper.ne.jp

3

恋愛・結婚・家族

イクメン――父親になろうとしている人

「――父親役は今回が初めてですよね」

「実はその点が一番心配だったんです。だから是枝監督に「多分、父親って感じに見えないと思うんですけど、どうしましょうか？」って撮影に入る前に訊いたんです。そうしたら、「いや、これは主人公が少しずつ父性を獲得していく映画なので、父親然としていない方がいいんです。福山さんそのままの感じでお願いします」っておっしゃられたんです」

これは映画『そして父になる』（是枝裕和監督　二〇一三）のパンフレットに掲載されている、主演の福山雅治へのインタビューの一部である。『そして父になる』は赤ちゃんの取り違えを題材にした作品であり、福山演じるイクメンでは決してなかった主人公――子どもが六歳になっても父親然としていない――が、徐々に「父親になっていく」話である。

ここで男性の育児に関するデータを少しみておく。二〇一一年にお茶の水女子大学が実施した「男性のワーク・ライフ・バランスに関する調査」によれば、子どもの世話について「毎日している」と答えた割合は、「食事の世話」七・五％、「一緒に食事」二四・八％、「着替えや身支度」八・八％、「遊び相手」二二・〇％、「お風呂」一八・六％、「オムツやトイレの世話」一四・三％、「本の読み聞かせ」四・五％となっている。これは「一二歳以下の子どもを持つ父親」が対象の調査であるので、より子どもが小さい親に限ってのものも確認しておきたい。

総務省が行った「平成二三年（二〇一〇）社会生活基本調査」では末子が就学前の夫婦の育児時間と家事時間をみることができる。それによると、週全体で、妻の育児時間は一九五分、家事時間は二一二分であるのに対して、夫の育児時間は三七分、家事時間は一一分である。さらにそれを共働き夫婦と妻がいわゆる専業主婦（夫が有業で妻が無業）の夫婦とに分けると、妻が専業主婦の場合、妻は育児二三七分、家事二四二分、一方、夫は育児七分、家事六分となっている。共働き夫婦の場合、妻は育児一四四分、家事一七五分、夫は育児三七分、家事一四分となっている。共働きの場合であっても、夫と妻の間にはこのように大きな違いがある。

こうみてみると、男性の育児の実情には寂しいものがある。仕事時間などとの関係で育児ができないつらさを抱える人も多いのだろうが、それにしても、育児、またそれに付随する家事への男性の関与が少なすぎるのは事実である。

このように実情は寂しいのだが、いや、寂しいからこそ、あるときから育児をする男性のことが話題になることが多くなった。それと同時に彼らのことを「イクメン」と呼ぶようになった。それより前に広まったイケメンに似せてつくられたコトバであり、育児のイクに男性（men）のメンをつなげた造語である。イクメンは二〇一〇年の「新語・流行語大賞トップ10」に選ばれており、『現代用語の基礎知識』（自由国民社）には二〇一一年版から記載されている。

イクメンというコトバが広がったのは、二〇一〇年一月に当時の長妻昭厚生労働大臣が「イクメンをはやらせたい」と発言したことがきっかけだともいわれている。「イクメン」というコトバ自体はもともと誰がいいだしたかは定かではないが、一説では、二〇〇六年にある広告マンが会社の同僚と集まって「イクメンクラブ」というサークルをつくったのが始まりだという。それはともかくとして、長妻発言を受けて、二〇一〇年六月の改正育児・介護休業法の施行と合わせ、育児を積極的にする男性を増やすために厚生労働省は「イクメンプロジェクト」を開始した。それらを契機として、さまざまな取り組みが話題になることも増えていった。ちなみに、イクメンプロジェクトのホームページ*では「イクメンとは、子育てを楽しみ、自分自身も成長する男性のこと。または将来そんな人生を送ろうと考えている男性のこと」とされており、イクメンプロジェクト自体には「育てる男が、家庭を変える。社会が動く」という少々大げさとも思われるキャッチフレーズが掲げられている。

当然のことながら、長妻発言のもとになったようなイクメン現象が二〇一〇年に急に出てきたわけではない。「イクメンクラブ」をはじめ、二〇一〇年より少し前からイクメン現象が現れ始め、それとともにイクメンというコトバも少しずつ認知されていった。そういう土台があってこその長妻大臣の「はやらせたい」発言だったのだろう。このように、政策化をきっかけにして、個人として「働き方」や「生活」への関心を高めた人もいたであろう。現象と政策が重なり合いながらイクメンというコトバが広く認知されていったのである。しかしながら、現実には、育児休業取得や定時退社など、男性が育児を理由にして何かをしようとすると（何かをしないようにすると）、まだまだ社会や会社からは認められないことが多いようだ。ちなみに、「平成二五年（二〇一三）度雇用均等基本調査」によると女性の育児休業取得率は八三・〇％であるのに対し、男性のそれはわずか二・〇％である。現在でも、イクメンというコトバの認知とイクメン行動の間には大きなズレがあるのが事実である。

また、男性の育児の実態も、先にデータでみたようにまだまだである。育児をしている（と思っている）場合でも、特徴としては、受動的な子育て、趣味・楽しみとしての子育て、いいとこどりの子育て、と妻側からは思われているふしがある。それを変えるためにも、子どもが元気なときに遊び相手になるだけでなく、病気のときも含めて日常的に子どもの世話をすることが肝心だろう。

少し変ないい方かもしれないが、父親は育児をすることで、父親になるといえるのではないだろうか。「父親である」のと「父親になる」のとは異なる。子どもを授かったことで父親であることはできるが、それだけでは父親にはなっていない。社会心理学者の井上忠司の言葉を引こう。「『親である』ことは、実子であれ養子であれ、わが子との関係（間柄）において、はじめて成り立ちうるものである。しかし、それだけではかならずしも「親になる」ことはできない。家庭におけるわが子とのふだんの相互作用のプロセスで、知らず知らずのうちに、親らしくさせられてゆく。親らしくなっていくのである」（『「家庭」という風景』ＮＨＫブックス　一九八八）。

こうしてみると、「父親になる」のもなかなかたいへんなことである。『そして父になる』のなかで、主人公は「できそこないだったけど、パパだったんだよ」と息子にいう。イクメンというのは父親になろうとしている人を表すコトバのようにも思えてくる。

（工藤保則）

山田正人『経産省の山田課長補佐、ただいま育休中』日本経済新聞社　二〇〇六（文春文庫　二〇一〇）
柏木惠子『父親になる、父親をする』岩波ブックレット　二〇一一
＊　http://ikumen-project.jp/　二〇一五年八月一六日閲覧

ＬＧＢＴ――誰がそこに含まれるのか

二〇一五年は、「ＬＧＢＴ」というコトバが日本において、かつてないほどメディアで取り上げられた年になるのではないだろうか。直接的な要因のひとつに、東京都渋谷区で、同性カップルに証明書を発行する全国初の条例案が提案、可決されたことが挙げられる。『朝日新聞』の「天声人語」でも、この条例に関連してＬＧＢＴが次のように言及されていた。

最近、ＬＧＢＴという言葉が定着しつつある。性的少数者のうち、同性愛者のレズビアンやゲイ、両性愛者のバイセクシュアル、心と体の性が一致しないトランスジェンダーの頭文字を取った呼称だ。（中略）性的少数者を理解し、彼らの人権を尊重しよう。そんな施策を東京都渋谷区が提案した。同性カップルを「結婚に相当する関係」と認め、証明書を発行する計画だ。多様な個性を尊重しあう社会を目ざすという（二〇一五年二月一三日）

「Lesbian, Gay, Bisexual, Transgender」それぞれの頭文字を並べてＬＧＢＴ。もともと英語圏で使われていた用語であり、日本ではＬ・Ｇ・Ｂについては「レズビアン（女性の同性愛者）、ゲイ（男性の同性愛者）、バイセクシュアル（両性愛者）」との説明がほぼ定着しているが、Ｔの「トランスジェンダー」についてはやや揺れている。「トランスジェンダー（性同一性障害）」という説明もみかけるが、これではさすがに不正確であるためか、「トランスジェンダー（性同一性障害者など心と体の性が一致しない人）」となっていたりもする。いずれにせよＴを性同一性障害と切り離すことはなかなか難しいようである。これは日本でＬＧＢＴというコトバが広まった経緯と関係している。

ＬＧＢＴは二〇一三年頃から、海外の同性婚や国内の同性同士の結婚式の話題に関連して、また少数派の人権や性の多様性を擁護する文脈で、メディアにひんぱんに登場するようになった。だがそれだけではない。近年のＬＧＢＴというコトバの流通の背後には、消費者としてのＬＧＢＴへの注目がある。二〇一二年のほぼ同時期に、『週刊ダイヤモンド』（七月一四日）と『週刊東洋経済』（七月一四日）でそれぞれ、「国内市場５・７兆円「ＬＧＢＴ市場」を攻略せよ！」「知られざる巨大市場　日本のＬＧＢＴ」という特集記事が組まれた。経済誌という事情が反映してのことであろうが、可処分所得の多い同性愛者（とくにゲイ）が新たにターゲットとなる消費者層として想定されている。しかし当然のことながら、経済的に余裕があるゲイは、ＬＧＢＴのごく一部でしかない。

新聞紙上で「ＬＧＢＴ」が登場したのは、セクシュアル・マイノリティをテーマとした作品を集めた映画祭のひとつ、青森インターナショナルＬＧＢＴフィルムフェスティバル（二〇〇六〜）の紹介が初期のもののようである。ただし、このような映画祭としては、一九九二年に東京国際レズビアン＆ゲイ映画祭が始まっており、一九九四年には第一回レズビアン・ゲイ・パレードが開催されている。一九九〇年代初めは女性誌などでゲイ・ブームが起きた時期としても知られている。こうして、ある程度、「レズビアン＆ゲイ」という言い方が普及しつつあった一九九〇年代後半、身体的性別への違和感が一定の基準を満たす場合に性同一性障害という疾患名が与えられ、その「治療」として日本で初めて合法的な「性別適合手術」が行われた。二〇〇三年には「性同一性障害者の性別の取扱いの特例に関する法律」（「特例法」）が成立、翌年から施行されたこともあり、性同一性障害というコトバはまたたく間に日本社会に浸透した。三橋順子『女装と日本人』（講談社現代新書 二〇〇八）では「性別越境者（トランスジェンダー）」とされており、もともとの英語のTransgenderの訳語としても性別越境者が適切であると考えられる。しかしながら、性同一性障害および特例法のインパクトは、「トランスジェンダー＝性同一性障害者」としてしまうほど大きなものだった。こうして、もともと「レズビアンと（&）ゲイ」という言い方がされていたところに、性同一性障害と関連づけられたTが加わって、LGBTというコトバが浸透していった。

かつては「LGBTI」というコトバもあった。『医療・看護スタッフのためのLGBTIサポートブック』（藤井ひろみ他 メディカ出版 二〇〇七）によると、Iは「Intersex（インターセックス＝半陰陽）の略」で、「生まれながらに性腺の性と外性器の性とが一致しておらず、性別を断定しにくい人たちを指」すと説明されている。現在では「インターセックス」よりも「性分化疾患」というコトバの方が一般的になりつつある。そして、いつのまにかIはLGBTの並びからも消えていた。かわって最近、見られるのは「LGBTQ」である。QはQuestioningもしくはQueerのQといわれる。Questioningは「迷っている人」、すなわち「まだ自分の性的指向や性自認がはっきりしていない人」を指すという（ケリー・ヒューゲル『LGBTQってなに？』明石書店 二〇一一）。Queerはもともと英語圏で「おかま」や「変態」という意味の侮蔑語であったが、そのコトバを投げかけられる側の人びとが自称として誇りをもって使うようになった。一九九〇年代にはクィア・スタディーズという学問領域も誕生したが、そのきっかけとなった講演で批判されたのは、「レズビアンとゲイ」という表現において、カテゴリー間の差異を消去してしまう「と（and）」であった。このように、Queerはカテゴリー間およびカテゴリー内部の差異に敏感であると同時に、「同性愛者と異性愛者」という二項対立図式をも崩していく概念である。LGBTというコトバが使われていた英語圏で、一部、それに代わるものとしてQueerという語が使われ始めて久しい現在、LGBTというコトバが日本社会で市民権を得つつある状況、とりわけ「LGBT市場」などと表象されている状況を目にすると複雑な気持ちがする。

現在のLGBTが少数派目線のコトバではなく、商業主義的なラベリングのように感じられてしまうのは、このコトバに含まれているBについてほとんど言及されない状況があるからではないだろうか。ましてや、L・G・B・T、いずれにも包摂されないような人びとについてはなおのことである。では、LGBTというコトバからこぼれ落ちてしまう人びとについては、新たにQが加えられたように、カテゴリーを増やしていけばよいのかというと、それもまた違うのではないか。ここに感じる違和感は、抵抗や創造の資源であったものが脱政治化され、たんなるカテゴリー（どころかアルファベット一文字）になってしまうことへの違和感である。それはまた、人を分類するという思考の限界をも示している。ただし、それは個々のコトバ（「レズビアン」「ゲイ」……）の限界というよりは、それらのコトバを陳列見本のように並べて使うことの限界である。そこでは、Queerというコトバによって揺るがされたはずの多数派と少数派の境界は固定化されたままである。

（赤枝香奈子）

河口和也『クイア・スタディーズ』岩波書店　二〇〇三
毎日新聞「境界を生きる」取材班『境界を生きる――性と生のはざまで』毎日新聞社　二〇一三

婚活──自由化の罠

「アイカツ！」をご存じだろうか。女児向けに二〇一〇年代に作られ人気を博しているゲーム・マンガ・アニメのタイトルで、「アイドル活動」の略語なのだそうだ。このように、なにがしかの活動を「○○活」と略せるようになってしばらく経つが、同じ形式の略語が人びとの間に広まった著名な例として「婚活」が挙げられよう。

婚活とは「結婚するために必要な活動」で、社会学者の山田昌弘とジャーナリストの白河桃子によって広まった造語である。具体的には、お見合いをする・合コンに顔を出すなど相手を探す活動はもちろん、髪型・ファッションに気を使うといった外見を磨く活動や、資格をとったり話し方教室に通ったりといった内面（？）を磨く活動も含む。

山田たちによると、かつて若者たちは一定の年齢になったら「自動的」に結婚できていたという。第一に、結婚適齢期（二五歳まで）が世間的に設定されており、親族や知り合いが相手を紹介するお見合いも広く行われていたからだ。社会学者の野々山久也も「結婚適齢期がまわりによって設定され、親をはじめ、まわりが気にして、まわりの世話によって成婚にいたる見合い結婚が当たり前だった」と指摘している。第二に、見合いでなくとも、会社が「終身正規雇用の男性」と「結婚退職して専業主婦をする女性」の出会いの場として機能しており、そういった男女の組み合わせも一般的なものだったからだ。つまり、出会い方も、結婚スタイル（男性が働き女性が家を守る）も、定型化されていたので、迷う余地が少なかったのだという。こうして、見合いであれ、職場恋愛であれ、すんなりと結婚できていた時期があったとされる。

だが、徐々に出会い方が多様化し、見合い以外の結婚も増えていくようになる。人びとは、さまざまな場所で相手を選ぶことが可能になっていった。また、女性の社会進出が進み、男性の収入格差が広がってきた（終身かつ正規雇用とは限らなくなった）ことを受けて、結婚後の生活も定型的なスタイルに決まらず、男女で話し合ってそれぞれのスタイルを決めるようになっていく。結婚市場の自由化が進んできたのである。

それ自体は良いことのように思える。結婚は「自由である」方が望ましいと多くの人が思うだろう。だが実は、自由が与えられるほど、結婚自体は困難になるという皮肉が生じたのである。

思い起こせば、近代の歴史は自由を求める歴史でもあった。前近代では個人の自由が制限されていたが、近代化の中で、結婚の選択についての自由化が進んだ……ようにみえたが、実際にはある種の規制があり、定型ルートが決まっていたため、多くの人が選択に困らなかった。本格的に恋愛市場が自由化するのは九〇年代以降のことである。そこで結婚にあぶれる人が多数出てくる状況になってしまった。求め続けた自由を得るとともに「選択の不可能性」も生じたのである。

さて、誰もが結婚できるわけではない時代を迎え、出会いの場を提供する産業が活気を呈している。とくに、結婚情報サービスの台頭には目覚ましいものがあり、二〇〇五年の経済産業省の調査では、三七〇〇～三九〇〇もの業者があるとされている。有料のサービスを利用しているのは約六〇〇万人いると考えられ、市場規模は六〇〇〇億円にのぼる。加えて、地方自治体も婚活支援策を打ち出しており相当数の成婚にいたらせているという。また、各種イベント会社やサークルが、婚活パーティや街コンという新しい合コンを主催している。婚活、百花繚乱といった様態なのである。

これらの婚活支援は「結婚したいのに機会がない」という個人に大いなるメリットとなるだろう。それらに取り組む人びと（主催者・参加者とも）の努力にも敬意を払うべきである。

だがしかし、弊害がないわけではない。婚活をしたくないのに周囲から強く勧められる人の例、あるいは婚活に参加することで心身ともに疲労した人の例もたくさん存在するからだ。じっさいに、「婚活疲れ」「婚活疲労症候群」「婚活地獄」などというコトバまで登場しているくらいである。新聞では「女性は相手のことを考えて「不安」になり、男性は何度も振られて自信を失い「うつ」になる人もいる」と報道されている。さらに、ある病院では、婚活疲労外来をもうけて、婚活特有の病態に陥った患者を救おうという動きまで出ているのである。

ここで立ち止まって考えたいのだが、そもそも結婚は、絶対にしなければならないものなのか。出会い方や結婚生活スタイルの自由があるなら、結婚をする／しないの自由もあっていい。

エーリッヒ・フロムは『自由からの逃走』のなかで、人間には自由を求める傾向があるが、「〜からの解放」は、人にとって孤独感や無力感に変わることがあると指摘する。だとするなら、恋愛が自由化したときすでに、私たちは孤独感をかかえこむリスクを運命づけられていた。そのリスクを引き受けるに際して、私たちは何をしていくべきだろうか。

フロムは別の著書『愛するということ』のなかで、先の孤独感を克服する方法を「愛」だと結論づけている。そこでの愛とは、必ずしも結婚を意味するものではない。彼は、もし一人の他人だけしか愛さず、他の同胞には無関心だとしたら、それは愛と呼ばず、自己中心主義の拡大だと考える。愛とは「特定の人間にたいする関係ではない。ひとつの「対象」にたいしてではなく、世界全体にたいして人がどう関わるかを決定する態度、性格の方向性のことである」という。そのうえで、愛の重要な要素を、配慮、責任、尊敬、知だとしている。

だとすると自由化が生み出した孤独感から私たちを救うのは、結婚そのものではない。それよりも、各人が愛について考え、世界に対する関わり方を決定し、――結婚というかたちでもよいし、他のかたちでもよいから――他者と結びつくことである。

既婚者が未婚者を、逆に未婚者が既婚者を、揶揄したり、軽蔑したり、哀れんだりする必要はない。未婚者も既婚者も、離婚・死別した人も、婚活している人も婚活に疲れた人も、結婚に興味がない人も、それぞれが、他の人に対して配慮し、責任を持ち、尊敬をし、知ること。それが、自由を手に入れ、自由と不可避に同伴する孤独感をも引き受けねばならない私たちが、結局は取りうる方策ではないだろうか。アイドル活動のアイカツではなく、愛を学び、愛を実践する「愛活」こそが、現代社会には重要な活動になるのかもしれない。

（谷本奈穂）

山田昌弘・白河桃子『「婚活」時代』ディスカバー・トゥエンティワン　二〇〇八
野々山久也『婚活コンシェルジュ』ミネルヴァ書房　二〇一四
エーリッヒ・フロム（鈴木晶訳）『愛するということ』紀伊國屋書店　一九九一

さずかり婚――古くて新しい結婚のかたち

赤ちゃんを授かるので、結婚する（した）という意味の新語であり、妊娠を機に結婚することを指す。恋愛ないし見合いを経て結婚し、妊娠するという従来型の順序ではなく、先に妊娠してから結婚するという、逆順をたどった結婚が増えたために、つくられたコトバである。

一般には「できちゃった結婚」（でき婚）の方が、通りがよいだろう。ただし「でき婚」は、「困ってしまって仕方なく」という響きがある（「できちゃった婚、失礼な表現では」『読売新聞』二〇〇五年七月一日）、「生まれてくる赤ちゃんへの侮辱」（「幸せ祝福しよう「おめでた婚」と」『読売新聞』二〇〇六年六月二二日）などの理由から、結婚ビジネスの場などではばかられるようだ。「できちゃった」がセックスに近い、ととられたせいで嫌われたのかもしれない。「さずかり婚」は、「ママリッジ」「恵まれ婚」「おめでた婚」と同じく代案として出されたコトバである。いずれもカップルの営みではなく、赤ん坊や親子関係に引き寄せられている。しかしどれもあまり定着していない。そのため少しニュアンスは異なるが、本節の記述はほぼ「できちゃった結婚」によっていることを許していただきたい。

さて、数字の面からみてみよう。さずかり婚を集計した統計情報はないが、厚生労働省「出生に関する統計」*には「結婚期間が妊娠期間より短い出生の傾向」という項目がある。これは結婚したカップルに初めての子どもが生まれる際、結婚期間が妊娠期間よりも短いケースを試算したものであり、さずかり婚の数と考えることができる。その数は一九八〇年に八万三千人、全体の出生数に占める割合は一〇・六%だったが、年々増加し二〇〇六年には一三万七千人、二五・六%とピークを迎える。以降横ばいで推移しているが、ここ七、八年は出生数全体の約四分の一がさずかり婚によるものとされる。

なぜさずかり婚が増えたのか。安室奈美恵（一九九七）、木村拓哉（二〇〇〇）以降続いた、芸能人の「できちゃった結婚」カップルの影響とする説があり、雑誌等で特集も多く組まれている。それによると、「でき婚」カップルの元祖は一九五八年、当時宝塚のスターだった元国土交通大臣の扇千景と、歌舞伎役者の三代目中村鴈治郎（四代目坂田藤十郎）とされる。銭形平次役で知られる大川橋蔵も、一九六六年、三角関係の末に彼の子どもを産んだ女性と結婚し、これに含まれている。俳優の梅宮辰夫（一九七二）と娘の梅宮アンナ（二〇〇二）は二代にわたりカウントされている（「できちゃった婚史《ヒストリー》」『女性セブン』二〇〇一年七月五日）。ちなみに「できちゃった結婚」というコトバがつくられたのは、一九九五年の貴乃花・河野景子のカップルからというのが通説らしい（「結婚の「純粋理性批判」「できちゃった婚」vs.「できてない婚」」『FRaU』二〇〇一年一〇月九日）。

有名人の影響は無視できないが、そもそもさずかり婚に近い形式の結婚が、庶民にとっては当たり前だった時期の方がずっと長かった、ともいえる。たとえば一九五〇年に発刊された赤松啓介『結婚と恋愛の歴史』（参照元は同『女の歴史と民俗』明石書店 一九九三）をめくると、地方農村・漁村に残る夜這いや招婿《しょうせい》婚、娘宿・若者宿で成立するカップルに、今でいうさずかり婚に相当するものが豊富に出てくる。民俗学的な「さずかり婚」の痕跡は、比較的最近まで残っていたと推測されるが、それもかつては生活実態があれば夫婦と認められた事実婚がほとんどであったことが背景としてであろう。

現在と同じように婚姻届を戸籍法にしたがって出せば結婚が成立する、という法律婚主義をとるようになったのは明治民法からである。法施行後、婚姻外で産まれる、いわゆる「嫡出でない子」の割合はいったん増加したものの、明治期後半からは減少の一途をたどる。結婚届出がすみやかにされるようになり、内縁夫婦が少なくなったためである。結婚を届け出る前に子どもが産まれることが少なくなるようになると、今度は妊娠してから届を出す方が少数派となり、「順序が逆」「世間体が悪い」「恥ずかしい」ととらえられるようになった、というわけである。

そうしたところへ、法律婚主義を踏襲しながらも、一方で妊娠・出産が先行する「前近代」的な、古くて新しい結婚形態ともいえるさずかり婚が登場し、急速に受容されるようになっている。なぜだろうか。

戦後日本において、復興と経済成長をめざす過程では、生産向上・効率化に貢献する労働力を確保することが課題とされた。労働力の維持、再生産の基盤として、家庭の生活を質的に向上させつつも、生産費用の増加にかかわる、家族の扶養コストは低く抑えたい。人口抑制策の一環として、一九四八年に成立した優生保護法により堕胎は合法化していたが、加えて国と企業の共同体制で家族計画運動、避妊の宣伝啓蒙が行われた。

同時に「企業に忠誠を誓うことで「稼ぎ手役割」を保証される夫とその夫に経済的に依存しつつ夫の労働力を再生産する妻」（目黒依子「総論　日本の家族の「近代性」――変化の収斂と多様化の行方」

目黒依子・渡辺秀樹編『講座社会学2　家族』東京大学出版会　一九九九）という家庭内のジェンダー役割分業も進められた。このような人口抑制と夫婦の役割分業は、都市化・核家族化の進展とともに、一九五〇〜七〇年代に広がり、一般的な家庭では、男は働き、女性は家庭を守り子どもを産み育て、子どもの数は二人（可能なら三人）程度、という規範を作り出すことにつながった。

ただしこの規範は早くも一九七〇年代半ばから揺らぎだす。二〇代、三〇代の結婚年齢が遅くなり、未婚化・晩婚化が進むと、全体の出生率が低下し、少子化現象の遠因となっていく。その点で少子化は、適齢期になった男女が届を出して結婚し、男は働き、女性は家事育児をする、という規範を回避した結果生じたともいえるが、さずかり婚の多くは、むしろこの規範を擁護する、すなわち法律婚も性別役割分業も維持しようとする結婚形態である。さずかり婚が歓迎された理由は、たんに出生率の上昇に寄与するというだけでなく、そのあたりにもありそうである。その反面で、シングルマザー／ファーザーや事実婚カップルは、法律婚によるものより低く位置づけられ、未婚の男女は肩身が狭く、一人前とみなされないという現状がある。さまざまなライフスタイルのあり方が認められ、受け入れられる、そのなかの選択に、さずかり婚も含まれるといいと願う筆者は、いまだに夢想家のようだ。

（松田さおり）

山田昌弘『少子社会日本――もうひとつの格差のゆくえ』岩波新書　二〇〇七

＊　http://www.mhlw.go.jp/toukei/saikin/hw/jinkou/tokusyu/syussyo06/syussyo2.html

ストーカー――感情の不均衡

他者について尋常ならざる関心をもって執拗に追いつづける人をいう。もとは英語の stalk（忍び寄る）で、ここには二つの要素がふくまれる。ひとつは、相手に知られないように接近するという特徴。もうひとつは、接近したあとになんらかの危害が加えられる予感である。

原語の意味からいえば、つきまといが相手に知られずに行われている期間と、それが知られ、拒否され、迷惑がられる段階とがあるはずだ。尾行や隠し撮り、盗聴、メールの盗み読みなどによって膨大な個人情報を収集し、一方的に思いをつのらせている誰か。その存在は恐ろしい。だが、じっさいに相手の存在を知らないあいだは、その恐怖さえ感じていないのだ。「ストーカー」の恐ろしさは、その存在を知ったときから始まる。または、よく知っていた人が「ストーカー」に転じることから恐怖がうまれる。

「ストーカー」というコトバは一九九〇年代の後半からカタカナ語として使われ、定着した。それより前は、特殊な焼却機を指すか、タルコフスキー監督の映画のタイトルのことだった。一九八〇年、ジョン・レノンが狂信的なファンに射殺されたが、事件当時の日本では「ストーカー」という表現は用いられず、事後的にそのような解釈がくわえられた。コトバが定着する前にも、偏愛的な行動が描かれたことはある。ＴＢＳが一九九二年に放映したテレビドラマ『ずっとあなたが好きだった』では、夫の冬彦（佐野史郎）が妻の美和（賀来千香子）に対して屈折した感情をいだき、異常な行動をとる。番組は高視聴率を記録し、「冬彦さん」現象という流行語も生まれた。

人の独占欲は、つねに相手の気持ちと釣り合うわけではない。そのようなストーリーは、いつの時代にもあった。このアンバランスが「ストーカー」というコトバであらためて理解されるようになるのは、すこしあとのことだ。一九九五年、L・グロスの『ストーカー――ゆがんだ愛のかたち』(祥伝社)が翻訳出版された。原書は *To Have or to Harm: True Stories of Stalkers and Their Victims* (ものにするか、さもなくば傷つけるか。ストーカーとその犠牲者たちのほんとうの物語)で、一九九四年に刊行されている。原題が関係の問題性を客観的に伝えるのにくらべると、秋岡史による邦訳書のタイトルは、加害者であるストーカーを新しいコトバとして強調する。サブタイトルに添えられた「ゆがんだ愛」も、この現象を心理学的に解釈しようとする好奇心をあおった。

以後、マスメディアが男女間の恋愛関係がこじれたケースを説明する際に便利な語として多用した。『広辞苑』に見出し語として採録されたのは、一九九八年の第五版から。語釈は、「特定の個人に異常なほど関心を持ち、その人の意思に反してまで跡を追い続ける者」。改訂の時期だった偶然も作用していようが、『広辞苑』によるすぐの採用は、コトバのひろがりに勢いがあったことを示す。

この語釈では、「異常なほどの」という部分が重要だろう。その後、ストーカーの「異常性」を心理学で解き明かすというふれこみの通俗的な本が数多く出版された。最初は相手のことを知りたい、相手に気に入られたいという気持ちからであっても、つきまといや監視、大量のメール送信、盗聴……とエスカレートする。それは、人間の「異常性」をあらわしているともいえる。だが、そういった行為をたやすく実行させるテクノロジーの進歩を度外視することはできない。画像の複製や、メールの送受信、位置情報の確認など、デジタル技術がストーカー行為をささえているのだ。ところで、じゅうらい警察は個人間の恋愛感情のもつれのような民事には不介入の方針をとっていた。けれども、一九九九年に発生した「桶川ストーカー殺人事件」によって、被害者を生み出さないよう社会的な対応を求める声が高まった。「ストーカー行為等の規制等に関する法律」が施行されたのは事件の翌年、二〇〇〇年のことである。罰金刑であることが定められ、警察が警告を、また公安委員会が接近禁止命令を出せるようになった。女性だけでなく、男性もこの法律で保護される。ただし、「恋愛」に関するものだけとの限定がついている。ケータイ・スマホ時代への対応として、二〇一三年の改正で、メールを送りつけることが「つきまとい」に追加された。

法律や体制のみならず、被害者支援のためのネットワークもととのえられた。しかし、それは犯罪の減少にはつながらない。現象はより多様化しているかのように映る。現在では、「ストーカー的」と、「的」をつけた表現で、より広い行動が問題にとりこまれた感がある。「ハラスメント」というコトバの普及が「ハラスメント」の告発を増大させたのと同じように、「ストーカー的」な行動がさまざまな場面で「発見」される。

「ストーカー」問題でかつて念頭におかれていたのは未婚の男女だった。だが、好きな異性につきまとい、つきあいを強要するケースにかぎった話ではなくなった。同性の場合もある。交際・婚約・結婚など、以前は良好な関係にあったふたりのあいだに問題が生じるケースもある。関係を修復したいという希望がかなわなければ、相手をおとしめる行動に走る。誹謗中傷のしかたも変化し、交際していた相手の裸体写真をネットで拡散させる「リベンジ・ポルノ」まであらわれた。

問題の拡張は、テクノロジーの進歩によってのみ促進されたわけではない。男女が出会い、交際する。それを助ける社会的なしくみの消失が大きい。かつての社会には若い男女を出会わせるための機会が用意されていた。盆踊りや正月のかるた会があり、フォーマルな見合いを利用する者もいた。現代では、合コンや街コンがそれらに相当する場になっている。だが、カップルが成立しても、恋愛をどう成就させるのかわかっていない。ネット上には過剰な情報があるが、実践にうまく結びつかない。柳田國男は、恋愛の「修練方法と指導の機関」が失われ、若者たちが「自修」するしかなくなったと書いた。その流れは止まっていない。伝統的な恋愛文化が崩壊した末にあらわれた自修的な「解決策」のひとつが、自分の思いを一方的におしつけるふるまいだった。

自分が異性に「モテない」という状況から脱出したい、「彼氏／彼女いない歴」を終わらせたいとねがう人は多い。ところが、現実に出会いの場はかぎられている。出会いの場に参加するためには、あるていどの「コミュニケーション能力」が必要とされており、ハードルは高い。「非リア」の人間にとっては、「リア充」たちが群れる場にくわわること自体がたいへんなのだ。

恋愛文化の崩壊は、出会いの局面よりむしろ、成就しない恋とどう向き合うかという局面で致命的欠陥となる。ふられたことを人生経験ととらえ、それを乗りこえるべく気持ちを切り替える。その方法が伝えられていない。若い世代の人生では、つらい経験で「心が折れる」のを徹底的に回避することこそが、優先されているのかもしれない。

（永井良和）

柳田國男「恋愛技術の消長」『明治大正史 世相篇』講談社学術文庫 一九九三
小早川明子『「ストーカー」は何を考えているか』新潮新書 二〇一四

草食系――意味の広がりと恋愛の押しつけ

草食系。このコトバは、コラムニストの深澤真紀が「草食男子」という造語を生んだことに由来する。当初の定義では、「モテないわけではないのに、恋愛にもセックスにもがっつかないで淡々と女性に向き合う」若い男性のことを指していた。だが、現在では、もう少し広い意味で使われている。このコトバのおもしろさは二つあり、ひとつはその「意味の拡散ぶり」にある。

たとえば、草食系を「女性的」な男性として使用する場合がある。「草食系の生態」をアンケート調査した石田信夫によると、その特徴として「化粧・ネイルをする」「料理が好きで弁当やクッキーを作っている」「化粧水をしなければ寝られない」「母親とプリクラを撮るほど仲良し」などが、回答に挙がってきたという。他にも草食系＝女性的な男性＝専業主夫と考える議論もある。それには賛否両論あって、「草食系男子が急増中だが男性の雇用減少は経済を縮小させる」という意見と「草食系男子が家庭を守ればいい」という意見が混在している。

あるいは、無欲で覇気がない男子を指す場合もある。この場合ビジネスにおいては「何事にもがつがつしなくなった」「仕事にやる気を見せない」「成長よりも居心地の良さに安住する」人として記述されている。またこの無欲ぶりを「新たな価値観」として「結婚に向く」（牛窪恵）、「付き合って初めて魅力がわかる人種」（アルテイシア）と評価する論調もある一方で、批判する言説も数多い。批判の中には政治的な提言を含むものもあり、「草食系男子が増えたのも、対米従属を続けてきたことと関係がある」といった議論や、「オスの本能の減退、あるいは欠如した男子を「草食系」と考えています……昨今の「草食系男子」の優しさも、何か履き違えている……女が何か思い違いをしたとき、頬を叩いてでもそれを正す。それが男性の優しさです」として最終的に彼らに「軍隊へ行け」と言い放つものまである。

くわえて、セックスや女性に淡白であることを通り越して「ＥＤ（勃起不全）」「男性不妊症」とみなす場合もある。ある雑誌では「脱・草食系男子」という特集で、精力を増強するとされるマカや、老化防止に効果があるとされるリコピンなどの食物（成分）を紹介しているし、さらに、「草食系男子という言葉が流行ったが、最近の若い男性は性に関して淡白らしい。これは間違いなく不妊症の症状なのである」（東洋医学研究所）と断言するホームページまである。

そうすると、巷で語られている草食系をまとめれば、複雑怪奇な人間になってしまう。化粧をしてクッキーを作り、結婚に向いているが、軍隊に行くべき不妊症の男子。たんに恋愛やセックスにがつがつしない男子だったはずなのに。意味がこのように拡散し、多様に語られるところが、このコトバのおもしろいところであろう。

とはいえ、（賛否両論含めて）いずれの議論でも、当初の「恋愛にもセックスにもがっつかない」という意味だけは共通していた。それが草食系というコトバの最もコアな部分と考えられる。

……だが、実は、コアな部分が逆の意味でとらえられたからこそ、このコトバが普及した。そこに、このコトバのもうひとつのおもしろさがある。

そもそも「草食男子」は発表当初に大きな反響はなかったという。深澤は最近の若い男性を解説し、「おかん男子」「リスペクト男子」「ベンチャー男子」など、他の〇〇男子を描いた。草食男子はそのうちのひとつにすぎなかったのだ。反響を呼んだのは、『an・an』『non-no』『with』などの女性雑誌で、「草食系男子」として特集を組まれて以降のことである。

ではなぜ女性誌は特集を組んだのか。それは草食系が、まさに恋愛に関連したコトバとして認知できるからであろう。じっさいに書籍をみてみると、『草食系男子の恋愛学』『最後の恋は草食系男子が持ってくる』（森岡正博）、『肉食系女子の恋愛学――彼女たちはいかに草食系男子を食いまくるのか』（桜木ピロコ）、『草食系男子に恋すれば』（アルテイシア）など、彼らと恋愛を結びつけるものが少なくない。その中では「草食系の男らしさは内に秘めたる真の男らしさ」「草食系は〝恋愛〟というものを真剣に考えている。そんな彼らこそ、パートナーシップを結ぶ価値のある人種」と、草食系男子を男らしくとらえ、恋愛相手に推薦するものもあるくらいだ。

雑誌でも「エロスこそ、生命力の源泉。草食系男子も、高齢者も、もっと恋愛に懸命になれ」「お金がない、女のコにモテない……悩める草食系男子に捧ぐ、〝金・女・酒〟大好き僧職《そうしょくけい》系男子の生き方」などの記事が掲載され、彼らに恋愛やセックスを勧めている。

またインターネットで草食系を検索すれば「草食系男子と恋愛をする五つの秘訣」「もっと恋愛に刺激を！　草食系男子を肉食にかえる五つの愛言葉」「草食系男子を狙うときやっちゃいけない四つのタブー」「草食系男子の特徴、好意サインと落とし方」といった記事群がトップページにあがってくる（二〇一五年一月九日 Yahoo!）。

「もともと草食系は、恋愛に興味ない人だったはずでは？」とツッコミたくなるが、じっさいに

「いかにして草食系男子に恋愛（やセックス）をさせるか」という親切（お節介？）な言説があふれているのである。いったいなぜこのような言説があふれてしまったのだろうか。

ここで透けてみえるのは、社会における「恋愛しなきゃいけない」想定である。あるいは、男性は恋愛やセックスに興味をもたないと「いけない」「おかしい」という前提でもある。恋愛やセックスに淡白な男性を指すコトバだったはずが、まさにそのことによって、恋愛を押しつける社会の中で、逆説的に目立つことになったという皮肉が発生したのである。

草食系というコトバはいわばプリズムである。光が分散するように、意味が散らばっていく。使う側の認識次第で女々しく覇気のない人間になったり、真の男らしさを持つ人間になったりする。そしてまた、光が反射するように、人びとの想定や前提を映し出してもいる。反射しているのは、恋愛を強制する社会の力なのである。

（谷本奈穂）

深澤真紀『平成男子図鑑』日経BP社 二〇〇七

森岡正博『草食系男子の恋愛学』メディアファクトリー 二〇〇八

アルテイシア『草食系男子に恋すれば』メディアファクトリー 二〇〇九

＊ なお引用文は次の雑誌から抜粋した。『月刊テーミス』（二〇一三年一月）、『日経ビジネス』一五三四号、『日経ビジネス associe』九－五、『日経ビジネス』一五一五号、『正論』四五七号、『Food style 21』一五－九、『Kotoba』六号、『週刊プレイボーイ』（二〇一三年一〇月二八日号）。

DV――「親しき仲」にも虐待あり

ドメスティック・バイオレンス（Domestic Violence）の略語であり、配偶者や恋人など親密な関係における暴力をいう。暴力といえば、殴る・蹴る・叩くなど相手の身体を害する行為を思い描くが、DVはそれにとどまらず、大声で怒鳴る・人前でバカにする・命令口調をする（精神的暴力）、相手が嫌がっているのに性行為を強要する・避妊に協力しない（性的暴力）、生活費を入れない・相手に仕事を辞めさせる・家計の管理を独占する（経済的暴力）なども含まれる。

DVのそもそもの訳語は、家庭内暴力である。しかしこのコトバは、二〇歳の男子予備校生が両親を撲殺した「神奈川金属バット両親殺害事件」（一九八〇）前後から、もっぱら子どもが親などに対してふるう暴力に対して使われてきた。当時、子どもの非行や暴力が、校内暴力とセットで社会問題化していたため、意味が限定されたのである。その後子どもが暴力の加害者でなく被害者として着目され始め、児童虐待問題の露見につながっていくが、同じ頃に夫から妻への暴力が「ドメスティック・バイオレンス」と名付けられ、やはり家庭内の「不都合な真実」を明らかにしていった。

日本でDVの実態調査を始めたのは、二〇〇一年の新語・流行語大賞に入賞するなど、「ドメスティック・バイオレンス」の名を広めた「夫（恋人）からの暴力」調査研究会であり、一九九三年に結果概要が報道された。そこでは、夫や恋人から暴力を受けた経験のある女性が全体の七八％にも上る一方で、家庭の密室性ゆえに解決に向けた行動を取りにくいことなどが明らかにされている

（「夫や恋人から受ける暴力　救済システム求める声　DV研が全国調査」『読売新聞』一九九三年四月五日）。

こうした実態についての関心の高まりを受けて二〇〇一年には「配偶者からの暴力の防止および被害者の保護等に関する法律」（「DV防止法（配偶者暴力防止法）」）が成立し、二〇〇四年、二〇〇七年、二〇一三年には改正が行われた。以降、法施行前は難しかった夫婦（元夫婦含む）間の暴力への警察の介入や保護が可能になり、自治体による相談施設やシェルターなども広がりつつある。近年は、男性被害者の訴えも増加しているものの、全体としては圧倒的に女性被害者が多く、二〇一三年には男性三二八一件に対し、女性四万六二五二件（男性の一四倍）であった（「DV　男性の相談激増　一三年三二八一件　三年で四倍」『読売新聞』二〇一四年八月二〇日）。

DVというコトバが広まる前から、男性が恋人や妻に暴力をふるうことはよく知られていた。むしろそれは、ごく普通の光景であった。たとえば、女性から虐待の悩みが寄せられた『読売新聞』人生案内欄で、夫婦問題の相談回答者であった作家の小山いと子は、自身の経験をふまえてこう語っている。「夫婦になって一度も夫から手をかけられない妻はいないだろうと言われるし、私も、昔別れた夫から始終なぐられていた」（『読売新聞』一九七五年一二月三〇日）と。かかる虐待がほとんど表面化しなかったのは、「夫婦喧嘩は犬も食わぬ」のたとえにあるように、夫婦や恋人間のもめ事に仲裁に入るのは賢明でないと考えられていたためであろう。警察も、そうした関係間での暴力は民事だからと介入しなかった。いや、警察が呼び出された事件も結構あるのだが、暴力自体はたいして問題にされなかった。加害者がいったん警察にしょっ引かれても、殴打程度ならば説諭で放免されているのはその証である。

くわえて被害者の女性にも、虐待を受ける原因があるとされた。一九六〇～八〇年代には、夫が妻に暴力をふるったあげく殺してしまったという事件が多発するが、報じた記事の多くは、殺された妻が、男勝り・勝ち気な性格で夫を怒らせたとか、献身的に尽くす姿が男性の劣等感を刺激した、などの理由づけをしている（たとえば「私が殺された理由　妻の愛情が夫の憎しみを誘うとき」『女性自身』一九六二年六月二五日など）。むろん、加害者の行為はほめられたものではない。しかし男を立てず、優しくせず、男の欠点や弱点を指摘して、自尊心に配慮しない女性にも問題がある。こうした論調がひろく流通していたのである。ここからは、たしかに殺すのはやりすぎだが、そもそも男は女に暴力をふるってしまうものである。女性はそうした男性心理をよく理解して、反発するのではなく、うまくいなさなければなりませんよ――という規範がみえてくる。

この規範によれば、上手に男を操作できない女が、暴力を受けるということになる。一九九七年に翻訳出版された、レノア・E・ウォーカー『バタードウーマン――虐待される妻たち』（金剛出版）には殴られる女性の「神話」――被害女性は虐待に値する行為をした、被害女性は教育程度が低い、暴力から逃げられるのにそうしない、など――が紹介されている。同様の「神話」は、先の規範を支えるかたちで日本でも共有されていたし、DV法が成立した後ですら「言葉の暴力もDVなら、口のたつ女性が多い日本社会では、DVは男女平等に行われているのではあるまいか」（野牧雅子「犠牲者続々！　DV防止法の恐怖が貴方を襲う」『正論』二〇〇五年一〇月）など、女性も同等の責任を負うとの意見も根強い。しかし、女性への暴力が「しかたがない」「女性にも原因がある」とされることで、いったい今までにどれだけの女性が、殴られ怪我を負い病院に運ばれても、むりやり屈辱的な性行為を強要されても、ののしられ自尊心を傷つけられ続けても、ただの「男をうまくいなせない女」として無視されていたのか。その光景は無残に過ぎる。

DVに先んじて広まったコトバに、レイプやセクハラ（セクシュアル・ハラスメント）がある。いずれも、ほとんどが男性から女性に対する不当な暴力であり、かつ連綿と続いた「歴史」を持つが、カタカナ語の「輸入」によって「発見」された問題である。被害者の女性にも責任があるとされることが多いのも共通している。江原由美子は、DV・セクハラ・レイプの共通論点を挙げたうえで、「私たちの社会がこれまで作り上げたセクシュアリティやジェンダーによって、社会秩序の一部として組み込まれ常態化された暴力」ゆえに問題化されず、またそのために「被害者が非難され攻撃されてきた」と、その社会問題化の困難や被害告発の難しさを指摘している（江原由美子・山田昌弘『ジェンダーの社会学　入門』岩波書店 二〇〇八）。

DVというコトバのひろがりによって、なかったことにされていた暴力が「ある」と認められ、対策が進んだのはたいへん意義深いことだ。気にかかるのは「DV」という略語が定着してから、意味あいがカジュアルで「軽く」なりつつあることである（セクハラ、パワハラなどにも、同じ傾向があろう）。こうした新語、とくにカタカナ語が浸透していく中で、カジュアル化・陳腐化・誤用などの問題は避けられない。コトバだけが一人歩きし、問題を再びみえなくせぬよう、「親しき仲」にも虐待あり、という醜悪な光景をゆめゆめ忘れぬようにしたい。

（松田さおり）

森田ゆり『ドメスティック・バイオレンス――愛が暴力に変わるとき』小学館文庫 二〇〇七

ペットロス——親の死より悲しい

愛犬に死なれた友人が「母親を亡くしたときよりもずっと悲しい」と公言し、雑誌に連載中のエッセイなどにもそう書いて、一部の読者の顰蹙《ひんしゅく》をかった。しかし、近年よくいわれるように「ペットは家族の一員」であるならば、友人の感覚はもっともであるとも思われる。天寿をまっとうして八十何歳かで亡くなった母親にくらべて、愛犬は若死にである。愛犬も天寿をまっとうしたのかもしれないが、犬の天寿はだいたい一五年くらいであるから、どうしても息子か娘を若くして亡くしたような気分になりやすく、その喪失（ロス）による心理的打撃も大きくなる。友人の反応もいわゆるペットロス症状の一種かもしれない。ペットを亡くした悲しみをことさらに語ったり書いたりすることで癒そうとするのは、よくみられる対処行動である。

「小児科医減って獣医が増えた町」（小藤正明　二〇〇九年一一月）と新聞投稿の川柳にもあるように、近年のペットブームは少子高齢化と関係が深いといわれるが、とにかくペットが名実ともに「家族の一員」化したのはそれほど昔のことではない。かつてもペットブームといわれるような現象はあったけれども、たとえばペットの動物に「ごはんをあげる」などという言い方は今ほど普通ではなかった。せいぜい子どもたちの言い方で、多くの大人たちは「えさをやる」といっていた。明らかに「家族外」の扱いである。

現代の日本では、鳥類、魚類、爬虫類などもふくめて、実にさまざまな種類の動物がペットとして飼われているが、数からいって断然多いのは犬と猫である。両方あわせれば、おそらく二〇〇〇万頭を超えるだろうという。一般社団法人ペットフード協会の調査によれば、二〇一四年一〇月現在、日本全国で飼育されている犬の数は約一〇三四万、猫は約九九五万、合計二〇二九万と推計されている。これは一五歳未満の子どもの総数（一六一七万人）をかなり上回る。

犬と猫をふくめて、とにかくペットを飼っているという人はどれくらいいるのか。内閣府の世論調査はこれを年次的に調べているが、興味深いのは、この三十数年にわたってペット飼育率に大きな変化はみられないという点である。つまり、ペットを飼っている人の割合は全体の三五％前後でだいたい安定しており、近年になって急激にペットの飼育者が増えたという事実はないのだ。とすれば、近年のいわゆるペットブームとは、ペット飼育の増加ではなく、むしろペットに対する人びとの態度の変化をあらわしているのであろう。そして、この変化の大きな特徴のひとつがペットの「家族化」であり、再び新聞川柳によれば「ベビーカー覗き込んだら吠えられた」（ノウセイ 二〇一〇年七月）、「あなたではポチのかわりは無理と妻」（佐伯弘史 二〇一一年六月）といったぐあいになる。

では、このような意味でのペットブームはいつ頃から始まったのか。厳密に確定することはもちろんむずかしいけれども、だいたい一九九〇年代の終わり頃から二〇〇〇年代の初めにかけてとみてよいであろう。世相の変化に敏感な『現代用語の基礎知識』（自由国民社 年刊）が「風俗・流行」のセクションで「ペットブームの意味を考える」という三ページの特集記事（中川志郎執筆）を掲載したのは一九九八年である。そしてペットロスというコトバも、この頃から「現代用語」として本書に採録されるようになった。

このペットブームは一方でペット関連ビジネスの発展とも密接に関係している。ペット関連産業の先進国はなんといってもアメリカであるが、日本でも、ペットフードの多様化・高級化はもとより、ペット葬のための動物霊園、二四時間制のアニマル・ホスピタル、ペット美容院、老犬・老猫ホーム、ペット保険、猫カフェやうさぎカフェ、愛犬と泊まれるホテルなどなど、ペット関連ビジネスは多彩な展開を示し、テレビやネットにも多くの話題を提供してきた。ペットブームは一面においてペットビジネス・ブームでもある。それは、ペットに対する人びとの態度の変化（ペットの「家族化」）に乗じていると同時に、その「家族化」の傾向をますます促進してもいる。こうした状況のなかでペットロス現象も深刻化し、不眠やうつ状態などの病理的症状を示すケースも少なくないようだ。とうぜんペットロスを軽減したり癒したりするためのペット葬ビジネスなどもさかんになり、「家族みな忌引きをとったペット葬」（夢の市　二〇一四年二月）ということにもなる。

ペットロス（pet loss）という簡略英語は一九七〇年代の終わり頃からアメリカで使われ始め、一九八二年にはニューヨークの心理療法家が書いた『ペットロス』という本が評判を呼んだ（「ペットロス」は和製英語という説もあるが、これは誤り）。日本では、このコトバの普及はせいぜい一九九〇年代後半以降のことである。しかしもちろん、それ以前からペットを失うことによる悲嘆は存在し、さまざまに語られ、書きつづられてきた。そうした著作の代表格は、猫なら内田百閒の『ノラや』（一九五七）、犬なら中野孝次の『ハラスのいた日々』（一九八七）であろう。前者は飼い猫の突然の失踪（迷子？・家出？・捕獲？）と百閒のいささか異常なほどの悲嘆ぶり、そしててんやわんやの、しかし真剣な捜索活動などを描いたもの、後者は愛犬ハラスの死にともなう悲しみと一三年間にわたるハラスとの生活の思い出を詳細につづったもの。今風にいえば、ペットロス文芸の双璧である。そのロスが、前者は失踪、後者は死別であるのもおもしろい。

ペットロスというと死別を連想しがちだが、生別のほうがつらい場合も多い。百閒は、失踪したノラのあとに飼ったクルを五年ほどで亡くしたが、そのときは毎日「猫医の来診を乞う」など「手をつくした」ので「思い残すところはない」、いつまでも「気にかかる」のはやはり行方の知れないノラのことである、と書いている。一方ハラスにも失踪事件があり、その詳細も描かれているが、最終的には中野夫妻にみとられながらハラスは静かに死んだ。生活を共にした日々をふりかえって中野は「ハラスを飼うことになって以来彼を一個の、自分たちと同じいのちを持つ存在であると考えない日は一度もなかった……そして犬のいのちを通じて、ほかのいきもののいのちをもいとしいものに感じだしたのである」と述べている。これは、今もかわらぬペットロスの重要な教訓であろう。「子に命ひとつと教え猫が逝く」（立地Z骨炎 二〇一一年一一月）。

ただし、ペットロスというのはあくまで人間の側からの発想であり、ペットの側からすれば、飼主の都合で簡単に捨てられたり、災害や「想定外」の事故で飼主を失ったりする「飼主ロス」こそが重大問題であることはいうまでもない。

（井上　俊）

内田百閒『ノラや』ちくま文庫 二〇〇三
中野孝次『ハラスのいた日々〈増補版〉』文春文庫 一九九〇

＊なお、引用した川柳は主として『毎日新聞』掲載の投稿作品（仲畑貴志選）である。

4

仕　事

自宅警備員――「ニート」って言わないで

一九九八年八月二日の『朝日新聞』朝刊に「自宅警備員に誘拐される」という記事が掲載されている。フィリピン南部のミンダナオ島で、日本人コンサルタントが自宅前で車に乗ろうとしたところを自宅警備員に銃を突きつけられ車ごと誘拐される事件が起こった、というものである。二〇〇〇年代に入るまでは自宅警備員というコトバは、この記事にあるように、治安のよくない国や地域において裕福な人が自宅の警備をするために雇ったガードマンのことを指していた。一方で、日本国内では防犯のために自宅警備員を雇うということはめったになく、かつても今も、警備会社と契約をする場合がほとんどである。そういう意味では、日本には自宅警備員はほぼいないといえるだろう。

ここで扱う自宅警備員はこの意味ではない。二〇〇〇年代後半、インターネットを中心に広まったコトバとしての自宅警備員である。『現代用語の基礎知識』（自由国民社）には二〇一一年版から「自宅警備員」が掲載され、「一般にニートと呼ばれる人々の「職業」。しばしば当人によって自嘲的に用いられる。ほぼ二四時間体制で自宅内を警備する」との説明がされている。これからもわかるように、自宅警備員とは、ニートや、印象としてそれと重ねられることも多いひきこもりなどを、役に立たない存在ではなく、かれらが自宅にいるだけで警備になるとユーモラスにとらえたコトバである。

自宅警備員はネットを中心に広まったコトバであるので、ネット用語的な説明をみておきたい。オンライン百科事典の『ニコニコ大百科』には、「自宅警備員とは職業の一種であり、日本を代表する花形産業。在宅勤務で二四時間自宅を警備することを職務とする。主な職務内容はパソコンのモニター監視、掲示板サイトの管理、インターネットの視察管理。ニコニコ動画のコメント数を増やすのも日常業務のひとつ。人目を避け深夜のコンビニに出没し雑誌の立ち読みなどをして世の中の情報を集めるのも大切な仕事」とある。思わず笑ってしまうような、自虐的なユーモアが感じられる。

二〇〇〇年代後半にこのコトバが広まるに至った経緯を、社会現象を扱って話題となった本からみてみよう。「自宅警備員」につながっていく流れは二〇〇〇年代に入る直前に顕在化したと思われるが、そのひとつは一九九八年に精神科医の斎藤環によって書かれた『社会的ひきこもり』(PHP新書)である。その本で斎藤は当時全国に数十万人いるとされたひきこもりについていたって冷静な記述を行っている。しかし、その後、ひきこもり当事者が少女監禁事件やバスジャック事件などを起こしたことから、ひきこもりは得体のしれぬ存在と思われるようになった。もうひとつは、一九九九年に社会学者の山田昌弘が著した『パラサイト・シングルの時代』(ちくま新書)である。その本で山田は親と同居する独身者をパラサイト(寄生)・シングル(独身者)と呼び、有所得者でありながら親の収入に依存するそのライフスタイルを問題視した。二〇〇〇年直前のこの二つの「自立できない若者」像に、次の流れが重なってくる。

二〇〇四年、経済学者の玄田有史とフリーライターの曲沼美恵による『ニート』(幻冬舎)が出版された。もともとNEET(Not in Education, Employment or Training)とは、イギリスにおいて、一六~一八歳で、就学、就労、職業訓練のいずれも行っていないことを意味する用語であるが、この本によって、日本ではニートとは、一五~三四歳で学校に籍がなく、仕事をしておらず、進学や就業へ向けての活動をしていない、未婚で家事や家業の手伝いもしていない「若年無業者」を指すようになった。『ニート』出版以降、ニートというコトバは「自立できない若者」像とも重ね合わせられ、広く使われていく。また出版と同じ年に製造業にも派遣対象業務が拡大され、無業者へとつながっていくことの多い非正規雇用が急速に拡大したという社会状況が重なってくる。このように二〇〇〇年代中頃から、「若者と労働」が社会問題化してくる。そして、「自立できない若者」像と「若者と労働」問題とがまじりあって、若年無業者に対するネガティブ・イメージが出来上がっていった。

そういうなか、日付ははっきりしないが、二〇〇〇年代中頃にネット掲示板サイト「2ちゃんねる」に「自宅警備員」というコトバが書き込まれた。それは若年無業者へのネガティブ・イメージに対抗するかのようであり、また、二〇〇六年にニート言説への異議申し立てとして書かれた、教育社会学者の本田由紀らによる『「ニート」って言うな！』に呼応しているかのようでもある。

その後、自宅警備員というコトバはネットを中心に広がっていき、二〇〇七年にネット流行語大賞七位となる。同年、ライブドア社の平松庚三社長が社長退任の際に「これからは自宅警備員になる」「自宅警備員も楽じゃない。愛犬を散歩させなくてはならない。マリオカートのタイムアタックも新記録を出さないといけない」と発言した様子がネット以外のメディアでも取り上げられ、このコトバが広く知られるようになった（平松氏は実際には次の会社を立ち上げる準備をしていた。そこからもわかるように、「自宅警備（員）」という「世界観を遊ぶ」ためにこの職業名を名のる人もいる）。

こうみてくると、自宅警備員は、若年無業者へのネガティブ・イメージに抗する反応、直接的にはニートというコトバに抗する反応として生まれたコトバととらえられる。無職で働く意思もないとまわりから思われていることに対して、自虐的なユーモアをもって自宅警備員を自称することで対抗したと考えられるのである。

最後に、彼らが自宅警備員と自称することが可能になった背景を考えてみたい。説明したように、自宅警備員とは、自宅にいるだけで——とくに深夜に起きていることが——防犯になるということであるが、それは、深夜でも快適に過ごせる環境があることによって可能となる。

端的には、インターネットの普及、二四時間営業という「サービス」の拡大である。日本を代表する動画共有サイトであり、多くのネットカルチャーを生み出しているニコニコ動画は二〇〇七年一月からサービスを開始し、二〇〇七年末にはすでに日本国内のトラフィックの約一二分の一を占めていたといわれる。とくに深夜ではその割合はさらに高まる。コンビニはすでに飽和状態といわれていたのだが、二〇〇〇年代後半から店舗数の増加速度が増した。それとともに売上げも増加し、二〇〇八年には百貨店の売上げをこえるようになった。また生活用品がそろっているだけではなく、ＡＴＭが設置され各種手続きの窓口にもなっている。ネットとコンビニの充実により「二四時間」生活のインフラが整った、つまり深夜でも快適に過ごせる環境が整ったのである。

しかし、ひとつ「整わない環境」が残っている。親、である。自宅警備員の雇用主といわれる親から「働け」というコトバが発せられると、それはすなわち「自宅警備員解雇通知」となる。雇用主との関係が微妙なのは（低賃金〔!?〕であることもそうだが）非正規雇用の場合と同じである……というか、自宅警備員も非正規雇用であることには違いがないようである。

（工藤保則）

本田由紀・内藤朝雄・後藤和智『「ニート」って言うな！』光文社新書 二〇〇六

就　活——学校行事のごとく

就職活動、略して「就活（しゅうかつ）」。もちろん中高年がハローワークに通うのも、中学生・高校生が卒業後の職を求める行為も就職活動である。だが今日では「就活」というと、新規卒業者として一括採用されることをめざし、黒いリクルートスーツに身をつつんで、オフィス街をさまよう大学生の姿がまずイメージされよう。

その背景には、第一に大学生の数が急増したという事情がある。今日、大学進学率は五〇％をゆうに超えている。大学に進まない高校生の多くも、高校新卒就職の厳しさ——大卒と同等かそれ以上の——ゆえに専門学校などへと進む（もしくはフリーターへの道を選ぶ、ないしは選ばざるをえない）。また、第一次産業・第二次産業への従事者が減り続け、かつ自営業者も減少の一途をたどってきたという産業構造の変化もある。ゆえに、多くの人にとってもっとも目につく求職者は、新卒時にホワイトカラー（販売など「グレーカラー」職も含む）の仕事を得ようとする大学生たちとなってくる。そして、もう二〇年以上もニュースなどで彼・彼女らの就職の困難が伝えられ、世間の注目を集め続けている中で、「就活といえば大学生」との通念が、ひろく定着してきたのである。

今日の就活生像が出来上がるまでの過程をさかのぼると、一九七〇年代のオイルショックに行きあたる。高度経済成長後の不況と就職難の中、大学紛争後の学生たちは安定を求め、公務員や大企業志向を強くした。この時期、詰襟学生服からスーツへと、リクルートファッションも切り替わっていく。そして、一九八六年の雇用機会均等法の施行は、リクルートスタイルを女子学生へと広げていった。空前の売り手市場といわれたバブル期を経て、「就職氷河期」をむかえると、就職活動のガイド本、マニュアル本が続々と刊行され、就職準備のためのダブルスクールも一般化していく。リクルートスーツ（略して「リクスー」）の色も、より無難な「黒一色」へと統一されてきた。

かつて就職活動指導のカリスマといえば、各大学の就職部（現在はキャリアセンターの呼称が一般的）の名物部長などであったが、それが就職活動マニュアル本の執筆者や、就職活動支援塾の塾長などへと移り変わっていく。そのカリスマたちが勧める「自己分析」や、以前の履歴書・身上調書にあたる「エントリーシート（ES）」、就活期以前に行う職場体験であり、時には「青田買い（早期内定）」の場ともなる「インターンシップ」といった用語が普及したのも一九九〇年代である。

そして二〇〇〇年代に入ると、「就活」の略称が定着していく。こうした略し方の前例としては、学活（学級活動）や部活（クラブ活動）などがある。やはり「就活」は学校文化と近しいところにあり、どこか同学年全員で取り組むべき学校行事の趣があるのだろう。

そして「就活」の語が普及することで、二〇〇〇年代後半から多くの「〇活」が登場してきた。二〇一四年に発行された白岩玄『R30の欲望スイッチ』（宣伝会議）によれば、婚活という「結婚活動の略称であるこの言葉が初めてメディアで使われたのは二〇〇七年一一月に発売された『AERA』が最初と言われているが、あっという間に広まって世の中に定着した感がある」という。その後、終活（死後への準備）、恋活、離活（離婚活動）、妊活（妊娠活動）、保活（保育所確保活動）、朝活（早起きして何かをする）、菌活（きのこなど菌類を食べる）などなども現れ、二〇一二年から「アイカツ！

――アイドルカツドウ！――」というアニメないしゲームも人気を博していった。

さらに、カタカナ書きの「シューカツ」を定着させたのは、二〇〇八年の石田衣良の小説『シューカツ！』（文藝春秋）であろう。これはリーマンショック前に発表された作品だけに、「就活鬱」によって引きこもる者もありつつも、全体的には華々しい戦績を残した学生たちの成功譚といった読後感が残る。一方、早大生としての自らの就活体験をふまえた朝井リョウの『何者』（新潮社 二〇一二）は、リーマンショック後のより過酷な就職戦線の様子を世に知らしめていく。この『何者』で朝井は、直木賞（二〇一二年下半期）を受賞している。

こうした就活小説などでは、ソーシャルネットワーキングサービス（SNS）普及以後の就活（情報戦）の様子が、生々しく描き出されている。二〇〇〇年代のインターネットの急速な普及により、「就職情報サイト」を介した「Webエントリー」が一般化していき、また「みん就（みんなの就職活動日記）」など掲示板に多くの就活情報が寄せられるようになった。そしてSNSを活用した「ソー活（ソーシャルメディアによる就職・採用活動）」も一時期取りざたされていた。『何者』の登場人物もツイッターを駆使し、虚々実々のつぶやき合戦をくりひろげている。かくしてスマートフォンが、就活の必需品となったのである。

さらに、広く知られるようになった就活用語をあげていくと、適性テストの代名詞的存在「SPI」、面接の場であえて厳しい質問を投げつけるなど、ストレスへの耐性をはかろうとする「圧迫（面接）」、何名かの就活生を集めて課題を与え、その討議の様子や発表内容が評価される「グループディスカッション（GD）」、大学の後輩などを一本釣りしにくる「リクルーター」、公のスケジュールでは内定解禁以前の時期に採用を約束する「内々定」（内定の無い状態は「ナイ内定」）、不合格通知の末尾に「今後の就職活動の成功を心よりお祈り申し上げます」などとよくあることから、不採用を意味する「お祈りメール」。これは、「またお祈りされちゃった」などと用いたりもする。そして、ネット上には昔ながらの「就活都市伝説」も飛び交っていたりもする。

ＰＣの飛躍的な発達・普及は、昔ながらの事務職員の数を激減させてきた。最初にその荒波を受けたのは女子短大生であり、やがて男女の文系学生、さらには理系学生の就職にも影響を及ぼしていく。ある程度の学力を有する人間が、真面目にやっていればそれなりにこなせるといったタイプの仕事は少なくなり、あったとしても非正規雇用の人員があてられることになる。その結果、営業センスや対人折衝能力、プレゼンテーションスキルなど、いわゆる「コミュ力（コミュニケーション能力）」が求められるわけだが、それは一定の基準のもと数値化・序列化が可能な能力ではない。就活生には、明確な理由も示されず、採否の結果だけが伝えられていく。それゆえ学生たちの疑心暗鬼は際限なきものとなり、不採用の通知が、その人の全人格の否定であるかのように受け止められたりもする。幼児期からの教育が、就活の結果を左右するといった言説も流布し、親を巻き込んだ就活狂騒曲はますます激化している。また二〇一五年度からの採用スケジュールの見直しは、「おわハラ（就活早く終われと内々定者に強要するハラスメント）」も生みだした。

（難波功士）

石渡嶺司・大沢仁『就活のバカヤロー』光文社新書　二〇〇八
難波功士『「就活」の社会史』祥伝社新書　二〇一四
常見陽平『「就活」と日本社会』ＮＨＫブックス　二〇一五

宅　配——骨壺から人間関係まで

品名に陶器と書かれた宅配便が、ある寺から届いた。ワレモノ注意の赤いシールが貼られた段ボールをあけると、二つの白い骨壺のようなもの。蓋をあけると、それぞれお骨が入っていた。白い封筒に入った手紙が添えてあった。道路計画のため、お墓が立ち退きになる。お骨は遠い親戚夫婦のものであり、その親戚には近い身寄りがなかった。このため、遠い親戚だが、住所のわかった私の母に送るとのこと。驚きつつも、お坊さんにお経をあげてもらい、実家のお墓に納骨した。お骨が宅配されたことにはかなりの違和感があったが、明治生まれの親戚も、こんな方法で佐賀から神戸に引っ越しさせられるとは思っていなかっただろう。

『現代用語の基礎知識』（自由国民社）に「宅配テロ」というコトバがかつて採録されていた。「「人に知られると恥ずかしい物」を購入した際、品名が堂々と表記されて送付されたため、家族や近隣住人の目にさらされてしまうこと」（二〇一一年版）だという。お骨の宅配は、恥ずかしさはなかったが、驚きという意味では、「宅配テロ」の一種といえたかもしれない。

宅配便に限らず、宅配全般を考えてみよう。ピザも、書籍も、レンタルＤＶＤも、ミネラルウォーターも、ふるさとの郷愁に満ちた食べものも宅配される。依頼者も親や知り合いから、ほぼ面識のない他人、企業、はたまた自分自身の場合までさまざまである。現在では、宅配でこんなものまで送れるのかという驚きはあっても、宅配という行為自体は当たり前すぎて問い直すことも少ない。

現在ではあるのが当然の「宅配」だが、かつては知名度の低い、もしくは使われないコトバであった。新聞や牛乳は「宅配」ではなく「配達」である。ラーメンは「出前」である。

『日本国語大辞典』(小学館)をみてみよう。第二版第八巻(二〇〇一)に「宅配」は出てくる。しかし、初版第一二巻(一九七四)に「宅配」という項目はない。「宅配」の並ぶべき前後は「濁波」(だくは)と「托鉢」(たくはち)である。「たくはち」は、一休さんがするような仏教用語の托鉢(たくはつ)ではない。帽子を意味するテキヤの隠語だという。私も、今回初めて知ったコトバだが、「宅配」は、かつて「たくはち」以上に使用されないコトバだった可能性がある。

より改訂頻度の高い『広辞苑』(岩波書店)をみてみよう。第二版増訂版(一九七六)まで「宅配」はない。第三版(一九八三)になってやっと「宅配」が出てきて、「自宅配達の略。商品や新聞・雑誌・荷物などを家まで配達すること」とある。一九七六年から八三年までの間に「宅配」というコトバは辞書化されたようだ。

コトバはなくても、「宅配」という行為自体は昔からあったという人もいるだろう。たしかに、飛脚、早馬とさかのぼっていくことは可能だ。しかし、それが現在の宅配とイコールかといわれると微妙だ。現在の「宅配」というコトバの普及に大きな影響を与えたのは一九七六年に「宅急便」として市場に参入し、急速に普及したクロネコマークの大和運輸(現在のヤマト運輸)である。さらにペリカン、カンガルー、のらくろ、ツバメなどの動物のマークをつけた業者が参入し、「動物戦争」といわれた「宅配便」市場の競争激化も大きかった。ヤマト運輸は、とくに知名度が高くヤマト固有の「宅急便」というコトバが、一般の「宅配便」の代わりに用いられることも多かった。

宅配便市場の推移を知るために、『日本国勢図会　2014／15年版』（矢野恒太記念会　二〇一四）の「小量物品の輸送量」をみてみよう。宅配便（重量三〇kg以下、一口一個の貨物。単位は個）の輸送量は、一九八一年に約一億個、一九九〇年には、約一一億個、二〇〇〇年には約二六億個、二〇一〇年には約三二億個とかなりの勢いで拡大した（二〇〇七年以降は、ゆうパック含む）。二〇一二年のデータでは、宅配便の合計は約三五億個であり、メール便（重量一kg以下、ゆうメールは三kg以下。単位は冊）は、約五五億冊（二〇〇七年以降は、ゆうメール含む）である（クロネコメール便は二〇一五年三月三一日に廃止され各種サービスに再編された）。送付先が自宅だけでなく、事業所も含まれているが、宅配量の増大と宅配産業のインフラ化の進展がみてとれる。

以上のデータもふまえて『現代用語の基礎知識』をみていこう。一九八七年版をみると、現代産業用語の章で宅配便は「すき間産業」の一種とされている。「郵便制度や国鉄にはないスピードと便利さが受けて大発展した宅配便、女性の社会進出に伴いニーズが高まるコンビニエンスストア、家事を代行する便利屋、事務の合理化から生まれた人材派遣業」などがすき間産業の事例であった。「成熟化した社会の申し子のようなもので、痒いところに手が届いたきめ細かいサービスが売物。マーケットは狭く、短いのが特徴」で、「リーディング・インダストリーにはなり得ない」とされていた。たしかに、経済発展を主導するかつての石炭、繊維、鉄鋼のような産業ではないかもしれないが、「宅配」産業や「コンビニエンスストア」は、ライフスタイルから地域のあり方までを変え、「人材派遣業」は雇用の仕組みを変えた。いずれもその功罪を検討すべき巨大産業となり、「すき間産業」だと位置づける人は現在ではまずいないだろう。

一九八八年版をみると、食生活用語の章で「ピザのデリバリーサービス（出前なのだが、従来のそば屋やすし屋とちがって、しゃれたバイクでやってくる。ファッション性も高い）」と述べられている。ピザの宅配も大衆化し、日常に溶け込んだ現在、そこにファッション性をみてとる心性はほぼ失われた。一九九一年版では、「宅配新サービス」の項目で「本の宅急便」という「電話やファクシミリ」で依頼を受け本を宅配してくれるもの、「クール宅急便」（一九八七年一部地域から開始）などが紹介されている。ここでは「集配網を有効に使えば、そこにどのようなものでも乗せられるだけに宅配便のバリエーション化が今後も進みそう」と指摘されている。

さまざまな宅配の普及は、衣食住のありように影響を与えてきた。近年ではとくにインターネットと組み合わされつつ、産業、地域、消費などの構造変動をうながしている。書店、スーパーマーケット、衣料品などの販売業などは、ネットプラス宅配の影響を猛烈にうけている産業の代表例である。そして、それは宅配で取り寄せるか、実店舗に行くかという二者択一のレベルを超えていった。ネットで見、注文し、宅配で取り寄せるという行為は、リアルな世界での実店舗の閉鎖をまねき、町の風景すらも変えていくことがある。リアルからヴァーチャルに重心を移す産業は第三次産業にとどまらない。一方で、ネットプラス宅配は、都会と田舎の関係を結びなおしたり、新たなビジネスを生み出したりもする。ネットオークションなどを通じ、かつて一方的な買い手だった個人が、売り手の側にも立つようになった。「宅配」は、運送業の一部やその変形にとどまらず、地域や消費の構造、ひいては人間関係をも変化させるインフラとなっている。

（西村大志）

鷲巣力『宅配便130年戦争』新潮新書　二〇〇六

派遣——昔の光、今いずこ

コトバに値打ちがあるならば、「派遣」は、その値打ちを大きく下げたコトバのひとつだろう。「分けて送り遣わすこと」「命令しておもむかせること」。もともとの意味はこのようなものである。「特使を派遣する」とあれば、それは、外交問題の解決をはかるため、特別に選ばれた人物を送り出すことであった。海外に派遣される新聞社やテレビ局の「特派員」も、相手国の政治や経済・文化に詳しく、語学も堪能な記者をイメージさせる存在であった。台風や地震などの自然災害を伝えるメディアの映像には、必ずといっていいほど、救援活動車両に掲げられた「災害派遣」の横断幕が映し出される。それは、特殊な能力を持つ自衛隊の誇りを示す映像でもあった。

ところが二一世紀に入ると、このコトバの値打ちが、一挙に落ちていく。一九八六年「労働者派遣法（労働者派遣事業の適正な運営の確保及び派遣労働者の保護等に関する法律）」が制定される。「自己の雇用する労働者を、当該雇用関係の下に、かつ、他人の指揮命令を受けて、当該他人のために労働に従事させること」。法律特有のもってまわった言い回しだが、要するに「自社の社員を、他社の社員の指揮下で仕事させること」である。

派遣労働が生まれるのは一九七〇年代のことである。コンピューターを軸とする技術革新は、専門的な知識や高度な技術を必要とする。しかし、急激な技術革新に、社内だけでは、十分な人材が確保できない。また、会社内のさまざまな業務を外部から調達するサービス経済化の動きも強まってくる。コンピューターへのデータ入力や情報処理業務、顧客の嗜好や動向をとらえるための市場調査といった業務が増えてきた。清掃など建物維持管理や受付・警備業務も、機械設備に頼るようになってくる。これまでのように、社員による分担、定年後の社員の再雇用といった片手間の処理では対応できない。高度な技術や知識を持つ専門家が必要だが、雇用や就業形態が、一般従業員とは異なっている。そこで、外部委託に頼ることになってきたのである。働き手の意識にも変化が生じている。高齢者の増加や女性の社会進出によって、短時間勤務・任意期間勤務を希望する労働者が増えてきた。また、高学歴化にともなって、特定の組織に縛られることなく、専門知識や技能を活かすことができる仕事への希望も増えてきた。

こうした変化に対応したのが「労働者派遣的事業」である。しかし、派遣元・派遣先企業の責任が明確でなく、労働時間や賃金などの労働条件確保が難しい。職業安定法第四四条で禁止されている労働者供給事業に違反する可能性もあった。「労働者派遣法」制定当時の議論は、派遣元企業によるピンハネやたこ部屋的な労働の再発の可能性を危惧するものであった。しかし、時代は、一九八〇年代後半、バブル景気のまっただ中、新たな雇用・労働形態が生まれることへの期待は強い。ソフト開発やコンピューター操作、放送番組制作など、高度な情報技術を必要とする業務である。知識や技術があれば、派遣という新しい働き方を選ぶことで、組織に縛られずに働くことができる。自分の能力を活かし、自由な時間を楽しむことができる。そんなイメージが膨れあがったのである。

しかし、一九九〇年のバブル崩壊は、雇用を直撃する。経営が苦しくなった企業は、人員削減に取り組むいっぽう、新規採用を激減させる。不況と景気変動は派遣業には稼ぎどころである。一九九九年には、適用対象業務は原則自由化され、禁止業務を限定列挙するネガティブリスト方式へと大幅改定された。二〇〇三年には、物の製造業務への労働者派遣が解禁されるなど、派遣法の対象業務は、港湾運送や建設業、警備業などの一部を除いて全面解禁となった。派遣の仕事は最先端の仕事であるとのイメージは薄れ、あらゆる仕事に派遣社員が送り込まれることになった。

そんななか、一九九七年から始まったスタッフサービスのテレビCMが、人材派遣への注目を集めていく。入社式編のCMでは、式典の舞台にバニーガールスタイルで登場した高齢役員の姿に新入社員全員が、会場から飛び出し、廊下の隅の公衆電話に殺到する。受話器にすがりつく女子社員は、「はい、スタッフサービスです」との声に、安堵の表情を浮かべる。そこに「〇一二〇・〇二二・〇二二」の電話番号と「オー・人事、オー・人事」の音声が重なる。バブル崩壊後の「失われた一〇年」、厳しい就職活動をくぐり抜け、晴れて入社式を迎えた、いわば「勝ち組」の新入社員たちが、企業社会の現実に驚愕し、派遣登録にすがる。それは、高度経済成長を支えた長期雇用と年功賃金という古い雇用システムから新しい雇用形態への移行を象徴するものでもあった。

CMは現実とは異なる。企業の人件費削減によって、あらゆる仕事が、正社員からパート・アルバイト、派遣といった非正規労働へと移行していく。派遣労働は、特殊な能力を持つ労働者が選ぶ働き方、自由な働き方ではない。正社員への道を閉ざされ、やむなく選ぶ働き方へと変わってくる。偽装請負、二重派遣など違法行為が増えるとともに、日雇い派遣で働くことで、そこから抜け出せなくなる若者も生まれてくる。二〇〇八年の秋葉原通り魔事件、二〇一〇年のマツダ工場連続殺傷事件でも、派遣社員の引き起こした事件であることが強調される。コンビニ強盗やタクシー強盗なども、派遣の経済基盤の貧しさが、場当たり的な犯行を生むという見方を強めることになった。

二〇〇八年九月のリーマンショックは派遣のイメージをさらに傷つけた。金融不安の広がりから消費が落ち込み、日本の輸出産業は大きなダメージを受ける。大幅な景気後退に、企業は「派遣切り」で対応する。契約期間中の解雇、宿舎からの退去要請など、法令違反や派遣労働者の生活権を奪う行為が、多くの企業で行われていった。この「派遣切り」など、非正規労働者が直面した生活危機に応えるため、つくり出されたのが、年越し派遣村である。二〇〇八年一二月三一日から年明けの一月五日まで、日比谷公園に出現した炊き出しや越年のためのテント村などの救援活動だが、全国から注目されたことで、政府も見過ごせず、厚生労働省の講堂を開放したり、就業斡旋や生活資金の提供などに努めることになった。批判の高まりに、解雇期間の延長や休業補償などで対応する企業も出てきた。年越し派遣村が派遣労働の実情や問題点を明らかにすることで、法改正に日雇派遣の原則禁止が盛り込まれるなど、一定の成果に結びついていった。

このように、イメージの下落が続く派遣労働、総務省労働力調査二〇一五年三月期速報値によると、雇用労働者五五八〇万人中、派遣社員は一一七万人（二・一％）である。いつか、彼らの働きが輝きを取り戻す日はくるのだろうか。

ところで、安倍首相による「集団的自衛権」行使、海外に「派遣」される自衛隊員は派遣元である防衛省との雇用関係を維持したまま、派遣先である米軍の指揮命令下で活動することになる。明日の「わが軍」のこの姿、「靖国の英霊たち」の目にはどのように映るのだろう。

（常見耕平）

労務行政研究所編『労働者派遣法』労務行政　二〇一三

パワハラ——力の乱反射

学校にも職場にも嫌なことはつきもの。よくあることだから少しのことなら我慢しようと誰もが思う。とくに職場においては、嫌なら来なくていいよといわれてしまう恐れがあるため、耐え忍ぶ程度はさらに高くなる。しかし就労者は、上司によるひどい暴言を、滅茶苦茶な扱いをいったいどれくらい我慢しなければいけないというのだろう。

もちろん職場でも人権は守らなければならない。上司による過度の嫌がらせは権力の乱用として非難されなければいけない。そして、こうした考えに力を与えてくれるのがパワハラというコトバだ。パワー・ハラスメント、略してパワハラは、この問題をいち早く取り上げたコンサルティング会社、クオレ・シー・キューブによれば「職務上の地位または職場内の優位性を背景にして、本来の業務の適正な範囲を超えて、継続的に相手の人格や尊厳を侵害する言動を行うことにより、就労者に身体的・精神的苦痛を与え、また就業環境を悪化させる行為」のことである。また厚生労働省はこれを「同じ職場で働く者に対して、職務上の地位や人間関係などの職場内の優位性を背景に、業務の適正な範囲を超えて、精神的・身体的苦痛を与える又は職場環境を悪化させる行為」として定義する。

セクハラに関しては男女雇用機会均等法において事業主に対し配慮義務が明確に課せられているが、パワハラの場合は特段の法制化はまだなされていない。けれどもパワハラというコトバが一般に浸透し、また厚労省が公式的な注意を払うようになったことで、事業主はこの問題に対して敏感にならざるをえなくなった。今日では職場でのいじめや嫌がらせは、しばしばパワハラとして大問題となる。またパワハラ訴訟として報道される事件も少なくない。訴訟にまで至った、ある消費者金融会社での事件をみてみよう。この会社では上司が三人の部下を相手に「ばか野郎」「給料泥棒」などのコトバをぶつける、背中を殴打する、真冬でも扇風機の風を当て続けるなどの暴言・暴行を続けていた。判決はこうした行為を業務上の指導の範囲を超えたものと認め、上司ならびに会社に慰謝料などの支払いを命じた（東京地裁二〇一〇年判決）。このようなふるまいを野放しにするのは会社にとってもリスクが大きいということができよう。

この種の問題にパワー・ハラスメントというコトバを与えたのは先述のコンサルティング会社、クオレ・シー・キューブだ。同社の岡田康子の述懐によれば、この用語を考案したのは二〇〇一年のこと。そのきっかけはセクハラ関係の研修にあったという。この研修において望まない誘いはきちんと断るよう説いていると、男性社員の中から毎日飲みに誘われても男は簡単には断れないといった悩みが聞こえてきた。そこで職場のハラスメント調査を始めると、深刻な訴えが数多く寄せられることになる。これにより同社はパワー・ハラスメントというコトバをつくり、パワハラ関係のコンサルを開始するのである。

パワハラというコトバは、一民間会社の造語に発しながら、その後メディアを介して一般に普及するとともに、行政にまで大きな影響を与えたという点で、非常に珍しいケースといえる。岡田によれば、二〇〇一～二〇〇二年当時はまだほとんど知られていなかったこの用語も、その後急速に社会に広まるようになったという。

このあたりの事情を『毎日新聞』の記事で跡づけてみよう。このコトバが最初に登場するのは二〇〇一年のことだが、同年の掲載はクオレ・シー・キューブによる電話相談について伝える家庭面の記事一件のみである。二〇〇二年も同様の記事が一件だけ。二〇〇三年になるとパワハラ関係の記事は三件となるが、そのうち一件は「「パワハラ」は初めて聞いた言葉」だが「新聞が見出しに使うと言葉が独り歩きしてしまう」ので「新聞は新しいカタカナ語については注意して使ってほしい」という研究者の注文を紹介したうえで、「「独り歩き」しないように注意」するという編集長の回答を載せたものであった。たしかに、英語では絶対に通じないこのカタカナ語への違和感は、当初とくに強かったものと思われる。ところがその後、このコトバに言及した記事の数は増加の一途を辿っていく。そして今や、このコトバは普通に聞いてそれとわかるまでに普及しているのである。

このようにパワハラというコトバは、元々は民間の一企業の営みに端を発しながら、メディアを通してどんどん世間に広まっていく。そしてそれは遂には行政の公式的な対応まで引き出すに至った。都道府県労働局や労働基準監督署への相談件数の増加を受け、厚生労働省は二〇一一年より「職場のいじめ・嫌がらせ問題に関する円卓会議」を開催する。そして二〇一二年には、職場のパワー・ハラスメント問題の予防・解決のためということで「あかるい職場応援団」というウェブサイトが厚生労働省委託事業として開設された。職場におけるある種の不条理な出来事は、パワハラと名付けられることで輪郭を明瞭にし、そしてメディアと行政に認知されることで重要な社会問題のひとつとなったわけである。

パワハラというコトバが登場・流布したことにより、職場におけるさまざまな不愉快な出来事をこの名のもとに語ることが可能になった。そして、それまでだったら被害者側の我慢ばかりが強いられていたような事態でも、パワハラという名で呼ばれるのがふさわしいとなれば、告発するのが自然な流れのように思えてきたりする。コトバの力は非常に大きい。厚労省発表の「平成二四年度個別労働紛争解決制度施行状況」によると、民事上の個別労働紛争相談の内訳（比率）に関し、二〇〇二年度から二〇一二年度にかけて「解雇」が二八・六％から一六・九％に減ったのに対して、「いじめ・嫌がらせ」は五・八％から一七・〇％へと増えている（件数も一貫して増加）。この間、パワハラ被害の深刻化が続いているというのは間違いないだろう。が、それとともにパワハラ問題が制度化されたことによって相談がしやすくなったという事情もあるにちがいない。そこにはコトバが現象に影響し、また現象がコトバに影響するという相互反射のプロセスを認めることができる。

そして、そうした増幅過程を経るうちに、近年のパワハラ相談にはごく普通の適切な指導や叱責までもが苦情の対象として持ち込まれがちになったという。また、パワハラ対策の取り組みによって権利ばかりを主張する者が増えるという企業側の懸念も、よく聞かれるところだ。だが、これでもってパワハラ問題を過小評価するわけにはいかない。世の中には就労者の権利を踏みにじって恥じもしないブラック企業が山のようにある。それを思えばパワハラ絡みのことを意識するのは、企業にとっても就労者一人ひとりにとってもやはり非常に大事なことといえよう。（山田真茂留）

岡田康子『上司殿！　それは、パワハラです』日本経済新聞出版社 二〇〇五
岡田康子・稲尾和泉『パワーハラスメント』日経文庫 二〇一一

ブラック企業――ポエムとともに

もともとは、ネット発祥のコトバである。二〇〇七年、巨大匿名掲示板に「ブラック会社に勤めてるんだが、もう俺は限界かもしれない」というタイトルのスレッドがたち、あるプログラマーがその過酷な労働の実態を実況していった。このスレッドの書き込みは、翌年書籍にまとめられ、さらにその翌年には映画化もされている。要は、雇用者に無理な労働を強いたり、各種の「ハラスメント」によって早期退職へと追い込み、時には「過労死」に至らしめるような労働環境が「ブラック」なのだ。それは往々にして、離職率高く、次々と新人を入れては使い潰すような職場である。

その後「ブラック企業」は、二〇一三年「新語・流行語大賞」のトップテン入りをはたし、広く一般に知られるコトバとなり、そこから「ブラックバイト」なども派生した。二〇一二年からは「ブラック企業大賞」が設けられ、企業のみならず学校法人などもノミネートされ、毎年顕彰（もしくは非難）されている。また二〇一四年には一代でのしあがったアパレル会社社長が主人公の『ブラック・プレジデント』（関西テレビ）というテレビドラマも放送された。

このテレビドラマにおいて、就職活動中のある大学四年生が、後輩たちに向かって「一つだけ言っておく、ブラック企業だけは気をつけろ。オレみたいに内定とれない学生を狙ってんのが、ブラック企業だ。追いこまれたら、内定さえ取れればどこでもいい、って気持ちになってくる。そこにつけこむのがブラック企業だ、奴らにつかまったら人生お終いだ」と語っている。就職活動がデジタルかつモバイルなメディアを駆使した情報戦の様相を呈してきた昨今、「○○社はブラックらしい」「そもそも××業界（や□□の職種）自体がブラックだ」などの諸説がネット上を飛び交っている。二〇一三年に発行されたブラック企業大賞実行委員会編集の『ブラック語録大全』（合同出版）などをみると、飲食や家電、ファストファッションなどのチェーン店を経営する新興企業が、ブラックとされることが多い。もっぱらカリスマ性を帯びた経営者が一代で大きくしたような会社であり、最近では介護や教育などの領域へと進出するものもある。

接客業などの対人サービスが、過剰労働となりがちな点は、「感情労働」論を参照すると理解しやすい。二〇〇〇年（原書は一九八三年にアメリカにて刊行）に出版されたA・R・ホックシールド『管理される心——感情が商品になるとき』（石川准訳　世界思想社）は、キャビン・アテンダントなど、仕事の一部として自らの感情までをコントロールしなくてはいけない働き方について論じている。真心がこもっていると思われるために、つねに笑顔を絶やさず、立ち居振る舞いに万全を期さざるをえない。顧客の要求水準はエスカレートする一方であり、ライバル社との競争もあって、カリスマ経営者は、地球上でいちばん「ありがとう」を集めようなどと号令をかける……。

もちろん、こうしたカリスマ経営者の抽象的な理念や、その社員研修の自己啓発セミナー的な熱気に、進んで身を投じる若者たちもいる。冷笑的に「ポエム」と称されたりもする経営者の「熱い想い」「夢語り」ではあるが、それをシェアすることで、自らの存在理由や居場所を確保しようとする従業員たちもいる。労働に給与という対価だけではなく、「やりがい」を求めた若者たちが燃え尽きていく軌跡に関しては、阿部真大の『搾取される若者たち』（集英社新書　二〇〇六）や『働きすぎる若者たち』（NHK生活人新書　二〇〇七）などが詳しい。前者はより困難なミッション達成に命をかけるバイク便ライダーたちの物語であり、後者は「自分探し」の答えを、顧客の喜びに求めようとした介護福祉士（ケアワーカー）たちを扱っている。高いライディングテクニックを誇る仕事人というプライドや、困っている人びとに献身的に尽くすといった自己像に縛られ、労働のアリジゴクへと陥っていく若者たち。彼・彼女らは、ブラック企業の理念に絡めとられたり、もしくは些細なことに難癖をつける「クレーマー」たちの標的となりがちである。

また企業のみならず、学校や公共機関などがブラックと認定されるケースもある。不安定な雇用や長時間労働は、教育・研究や行政の場にも入り込んでいる。とくに大学や研究機関においては、OD（オーバードクター、大学院博士課程修了者）などが、任期付の仕事に従事しており「高学歴ワーキングプア」というコトバも登場した。高殿円の小説『マル合の下僕』（新潮社　二〇一四）は、博士論文を審査し、博士号を授与できる権限を持つ「マル合《ごう》」教授に気に入られ、なんとか安定した地位を得ようとする大学非常勤講師の悪戦苦闘を描いている。そして二〇一四年のSTAP細胞をめぐる騒動は、多くの理系の研究者――いわゆる「ポストドクター（略してポスドク。博士号を有するが安定的な職に就けていない）」――が、熾烈な競争を強いられている現状を浮き彫りにした。

もちろん、これら高学歴ワーキングプアは、カリスマ経営者のポエムに踊らされたわけではない。だが、修了後に就くべきポストが足りないにもかかわらず、大学院の定員をむやみに増やした文教行政のしわ寄せを被った者たちではある。学問の素晴らしさを称え、真理の探究に身を捧げよと若者たちを煽り、大学院の後期課程にまで誘った教授たちもまた「ポエマー」であったのかもしれない（ポエマーは和製英語。リアリティを欠いた言辞を垂れ流す夢想家くらいの意味）。

また、ブラック企業の存在は、なにも若者たちだけに関係しているわけではない。二〇一四年にはいくつかの企業の「追い出し部屋」が問題とされた。中高年を自主的に退職するよう仕向ける、リストラ目的の部署の意で、緩慢かつ常時のハラスメント装置である。

以上述べてきたような劣悪な職場環境に陥っていく人びとは、決して能力が低かったり、怠惰であったりするわけではない。むしろ、「努力は尊い」「夢は見るものではなく、かなえるもの」「みんなのためになる、社会に役立つ仕事をしたい」といったポジティブな価値観を抱いた、ピュアながんばり屋であったりもする。

かつて歴史学者の安丸良夫は、江戸時代から近代にかけての社会意識・民衆思想の研究を通じて、勤勉・節約・献身などの一般的な徳目を地道に実践することで、自らを鍛えてきた民衆像を掘り起こした。そして安丸は、その「通俗道徳」説において、真面目に日々努力を重ねてきた人びとが、その自己鍛錬によって得られた自信・自負から、時には社会批判や社会運動へと行きつく姿を描き出した。不安定な雇用条件におしとどめられた「プレカリアート（不安定雇用の労働者）」たちが、過酷な労働環境・条件の果てに、ブラック企業に対抗していく動きなどは、二一世紀的な「世直し」の萌芽なのかもしれない。

（難波功士）

黒井勇人『ブラック会社に勤めてるんだが、もう俺は限界かもしれない』新潮社　二〇〇八

今野晴貴『ブラック企業』文春新書　二〇一二

小林拓也『早大を出て僕が入った3つの企業は、すべてブラックでした』講談社　二〇一五

プレゼン――大事なことは別の日に

一九五九年五月二五日、第一八回オリンピックの開催地を決めるIOC総会がミュンヘンで開かれた。東京への招致演説をした平沢和重は、小学校教科書に出ているクーベルタン男爵の話を紹介し、国際間の人と人のつながりが平和の礎となると語り、「西欧に咲いた花を東洋でも咲かせていただきたいのです」と締めくくった。四五分の持ち時間のうち演説は一五分間だけ、残りは質疑応答に使った。翌日の第一回投票で過半数の三四票を獲得し、東京でのオリンピック開催が決定した。この当時、招致演説はスピーチであって、プレゼンテーションと呼ばれることはなかった。

「プレゼン」が『広辞苑』に初めて採択されたのは、招致演説から四〇年ほど後の、一九九八年の第五版である。語釈には「提示・発表。特に、広告会社が広告主に対して行う宣伝計画の提案。プレゼン」とあった。一九九五年刊行の『講談社カラー版日本語大辞典』でも、その語釈は「(紹介・提供の意) 広告会社が広告主に対し広告アイディアや広告キャンペーンの企画書を提出すること。また、その材料」とある。プレゼンは、広告会社に特有のことと考えられていたのである。

その背景には、一九八〇年代の豊かな日本があった。地価急騰に加えて株高、円高はバブルを生む。本業の利益だけでなく、資産運用という「財テク」で手に入れた潤沢な資金が、広告やさまざまなイベント、文化事業に注ぎ込まれる。地上げされた土地には、ポストモダン建築のビルが建ち、パルコや西武セゾングループの広告を手がけた糸井重里に代表されるコピーライターが注目される。

広告・放送・出版が「ギョーカイ」と呼ばれた時代であった。広告や建築の世界では、複数の企画や設計案を競い合わせ、優れたものを選び出すコンペ（設計・企画競技）が行われることが少なくない。そこで選ばれるには、企画や設計の優秀さだけでは不十分である。それを「クライアント（依頼主）」にどう見せるか、どうプレゼンテーションするかが、決め手となる。プレゼンが、ギョーカイ用語として、辞書に採択された背景には、こうした事情があった。

こうした浮かれ気分はバブル崩壊とともに砕け散ったが、プレゼンは姿を変えて生き延びる。二〇〇八年発行の『広辞苑』第六版、語釈には「会議などで、計画・企画・意見などを提示・発表すること。プレゼン」とある。広告会社や広告主は消え、提示・発表だけが残った。

このプレゼンの変化には二つの要因があった。ひとつは、仕事の変化である。長期にわたる取引関係を通して、高い技術と品質によって互いに信頼関係を築いていく、ものづくりの世界では、簡単には取引先・納入業者は変わらない。そんな日本の取引慣行を打ち崩し、新たな取引関係を打ち立てようと乗り込んできたアメリカ企業、彼らの武器が、プレゼンテーションだった。情報やサービスの世界は、もともと形のないものを扱う世界である。斬新なアイディアや他社との違いが際立つ企画の提案が求められる。企画や設計案の価値よりも、企画や提案で競い合うコンペ、それに勝つことが目的となってくる。建築の世界やギョーカイに限らず、あらゆるビジネスで、ビジュアルな表現、わかりやすい説明を盛り込んだプレゼンテーションが、求められるようになってきたのである。

二つめの要因は、技術の発展である。プレゼンテーションでは、パンフレットや配布資料のほか、動画やスライド、オーバーヘッドプロジェクター（ＯＨＰ）のようなビジュアルに頼ることがすくなくない。ところが、これらの資料をつくるには、印刷やレイアウト、映画や写真撮影などの専門的な技術とともにデザインセンスが必要となる。建築や広告の世界の人間にとっては得意分野でも、そうでない人間には難しい。プレゼンテーション・ソフトは、文字の入力と編集や図形作成・印刷といった基本的な機能に加えて、既製のスライドやテンプレートを盛り込むことによって、誰もが、高いレベルのプレゼン資料やスライドをつくることを可能にしたのである。マイクロソフト・パワーポイントの原型となるソフトが登場するのは一九八七年のことである。当初は、ＯＨＰシート用のスライド作成ソフトであったが、モニター画面に直接映し出すソフトへと進化していった。

ハードウエアの進化も急速に進む。ひとつは、ノートパソコンの小型化・軽量化・低価格化である。愛用のパソコンを持ち込んで、手軽にスライドショーを見せることができる。プレゼン直前まで、スライドの手直しも可能になった。ノートパソコンをモニターや液晶プロジェクターにつなげば、大きな画面にスライドを映し出すことも可能となった。部屋を暗くしなくても、細かな文字などが十分に表示できるようにプロジェクターの性能も向上する。専門の設備がなくても、いつでもどこでもスライドによるプレゼンテーションが可能になったのである。

もはやコンペに勝って、依頼主から受注することがプレゼンの目的ではなくなってきた。プレゼンそのものが目的になってきたのである。一九八四年に始まるＴＥＤカンファレンスは、技術（Ｔ）・エンターテインメント（Ｅ）・デザイン（Ｄ）の各分野の著名人がプレゼンテーションを行う講演会として世界から注目されるようになる。二〇〇六年以降、インターネットで無料動画配信するようになると、その存在が広く知られるようになった。アル・ゴアやクリントン元大統領、モニカ・ルインスキーも登場するが、いっぽうでは、無名だが、優れたアイディアの持ち主の講演もある。二〇一二年には、ＮＨＫの教育番組『スーパープレゼンテーション』として日本でも放映されるようになった。
プレゼンテーションの広がりは、反発やからかいも生み出す。用意周到なプレゼンの対極として、居酒屋での雑談を箸袋にメモしただけで、何千万円ものプロジェクトを受注したという都市伝説が生まれる。二〇一四年一一月、プレゼン本家のようなＴＥＤにも、伝えることは何もないプレゼンが登場する。ウイル・ステファンによる『頭良さそうにＴＥＤ風プレゼンをする方法』*である。音声抜きの画面に出てくるウイルは、素晴らしいアイディアを、さまざまなデータや画像を使い、ユーモアを交えながら、渾身の力で披露している（ように見える）。そんなプレゼンテーションである。
ところで、プレゼンの良し悪しでものごとを決定するのには理由がある。ひとつの理由は、どれを選んでもたいして違いがないことである。プレゼンが広告会社から始まったのは、クライアントが、所詮は広告、どの案を選んでもたいした違いはない、と考えるからだろう。二つめは、決定者が責任を負う必要がないことである。広告をコンペで選ぶことはあっても、本業の方針をプレゼンで決める経営者はいない。決定と実行には経営責任がともなうからである。いっぽう公共建築の設計にコンペが多用されるのは、誰もがその選択結果と実行に責任を持たないし、持ちたくないからである。二〇二〇年オリンピック、東京開催や新国立競技場建設案が、コンペとプレゼンテーションで決まったのは、選考委員の誰もが実行に対する責任を持っていないからである。（常見耕平）
山本御稔『プレゼンテーションの技術』日経文庫　二〇一一
＊　https://www.youtube.com/watch?v=ToJD5r2SmwI

ワーク・ライフ・バランス——生の支援、そして介入

日本人は働き過ぎだとよくいわれてきた。しかもそれは伝統的な性役割分業によって支えられているところが少なくない。しかしそれも最近、少しはよくなってきた。以前、年間総労働時間を一八〇〇時間に抑える目標が政府によって掲げられたが、その「時短」はそれなりの進展をみている。また妊娠・出産の期間に就労が減る傾向は女性労働力率の「M字型曲線」として知られるが、そのM字の底はかつてよりもずっと上の方へと動いてきた。

けれどもこうした数値上の改善をそのまま鵜呑みにするわけにはいかない。全体的に「時短」が進んでいるようにみえるのはパートタイムの人が増えたことによる効果が大きく、フルタイムだけに限れば一八〇〇時間など今でも夢のような話。またM字の底を上げている力の大半は未婚女性の就労者の増大によっており、子育てをしながら働く女性の比率はさほど増えてきていないという。女性による無償の家事労働が男性による長時間の賃労働を支えるという旧来のモデルは、まだそれなりに強い力を保持しているようだ。

そしてこの性役割分業のモデルが自然なものとして持続したままだと、女性の職場進出ならびに男性の家事進出が阻まれ、また男女ともに賃労働と家事労働以外の世界を自律的に生きることができにくくなる。それは諸個人の多様な生き方にとって大きな足かせだ。また近年では、ワーク・ライフ・バランスというコトバが浸透し始めるにつれ、仕事とそれ以外の領域とをバランスよく生き

ることは、生活者各人にとってだけではなく個々の企業にとって、また産業社会全体にとっても大切なことだという認識が高まるようになってきた。

一見したかぎり、ビジネスの世界では働き蜂ばかりが求められているように思われるかもしれない。しかし日本のホワイトカラーは労働時間が長いわりに、いや長い時間職場に居続けるからこそ、労働生産性が比較的低いことで知られる。長時間労働を嫌がらない働き過ぎの社員たちは、実は時間を有効に使いきれていないのかもしれない。さらにそうした社員の多さを誇示しているような会社は、子育てに生きがいを覚えたり、家族介護の必要性に迫られたり、あるいは地域活動や趣味領域に魅力を感じたりしている有能な女性や男性の多くを惹きつけることができない。価値観やライフスタイルが多様化するとともに、労働力不足が深刻化し、人材獲得競争が激化している今日的な状況において、旧来型の働き蜂モデルばかりにしがみついた会社は、あるいはそうした会社ばかりからなる社会は、多様な人材を活かすことができず、活力を失う危険性があるのである。

では、こうしたワーク・ライフ・バランス絡みの気づきは、はたしてどのようにしてなされるようになったのであろうか。考えてみるとワーク・ライフ・バランスとはかなり気持ちの悪いカタカナ言葉であり、パワー・ハラスメントと同様の和製英語ではないかと疑いを抱く人もいるかもしれない。しかしこれは歴とした英語だ（work-life balance）。ただし英語でもこのコトバが使われるようになったのは、それほど昔のことではない。各種検索サイトを用いて概観してみると、この語をタイトルに含む英語論文が出始めたのは一九九〇年代中頃、英語の本が刊行され始めたのは二〇〇〇年前後からということがわかる。このコトバを誰が最初に使ったのかははっきりしないが、「仕事」と「生活」を対比するあたり、仕事をもっぱら労苦（labor）としてとらえるアングロ・アメリカンな見方がうかがわれる。コトバの実質的な意味としては仕事生活や家庭生活など生活諸領域間のバランスということなのだから、この呼称にはかなりの無理があるといわざるをえない。

そして、この珍妙な英語をわが国においてそのままカタカナで流行らせるのに貢献したのは、他ならぬ日本政府、内閣府であった。経済財政諮問会議「労働市場改革専門調査会」、男女共同参画会議「仕事と生活の調和（ワーク・ライフ・バランス）に関する専門調査会」、『子どもと家族を応援する日本』重点戦略検討会議」における議論の流れなどを受け、政府は二〇〇七年六月の「経済財政改革の基本方針」のなかで、ワーク・ライフ・バランスに関する憲章と行動指針を策定する旨を明記する。それは「人口減少下で貴重な人材」を活かすために行われる「複線型でフェアな働き方の実現に向けた労働市場改革」の「第一弾」として位置づけられた。ワーク・ライフ・バランスがこの基本方針文書の第二章「成長力の強化」のなかの第三節「労働市場改革」で高らかに謳われているというのは、とても興味深い。このコトバは元々ビジネス的な香りを多分にはらんだものだったのである。ちなみに憲章と行動指針の策定のために設けられた「仕事と生活の調和推進官民トップ会議」の第一回会合（二〇〇七年七月）において御手洗冨士夫経団連会長（当時）は、ワーク・ライフ・バランスは「生産性の向上につながらなければならないし、ひいては企業の競争力強化とも両立するものでなければ現実的ではない」と釘を刺していた。また彼は続けて「今後、設定することとしている数値目標等は、安倍内閣が進めている成長戦略の足かせとなるような規制的な手法の呼び水とならないようにお願いしたい」とも述べている。

そして二〇〇七年一二月、自ら「トップ」と名乗る独特のセンスを見せる同会議は、政労使の合意と銘打って「仕事と生活の調和（ワーク・ライフ・バランス）憲章」を公表した。そこでは、ワーク・ライフ・バランスのとれた状態として「国民一人ひとりがやりがいや充実感を感じながら働き、仕事上の責任を果たすとともに、家庭や地域生活などにおいても、子育て期、中高年期といった人生の各段階に応じて多様な生き方が選択・実現できる社会」がめざされている。ワーク・ライフ・バランスというコトバが急速に広まるのは、この憲章の発表時期と前後してのことだ。

ではこのワーク・ライフ・バランスを政府として推進していくことは、人びとにとって有用な支援となるのだろうか、それとも余計な介入にすぎないのだろうか。これは非常に微妙な問題だ。しかも生活者個人の立場でみるか企業経営の観点からみるかで判断は異なるし、同じ被雇用者であっても正規雇用か非正規雇用か、男性か女性か、既婚か未婚か、子どもがいるかいないかなどで評価はさまざまに違ってこよう。たとえば解雇の基準を緩和するなどして雇用の多様化・柔軟化・流動化を促した場合、経済界にとっては少なくとも短期的には有為な人材の獲得が容易になり、また出産後の女性の職場復帰もしやすくなるかもしれない。けれどもその一方、解雇の可能性に怯える従業員は男女問わず増え、その結果ビジネスの世界が全体的に混乱の度を増してしまう可能性もなくはない。ワーク・ライフ・バランスに関しては、その個々の施策が誰に対してどのような効果をもたらすか、それぞれ丹念に検討していく必要があろう。

（山田真茂留）

山口一男・樋口美雄『論争　日本のワーク・ライフ・バランス』日本経済新聞出版社　二〇〇八
佐藤博樹・武石恵美子『職場のワーク・ライフ・バランス』日経文庫　二〇一〇

5

つながり

居場所――リスク化する社会の拠り所

きれいな空気や豊かな水に恵まれているとき、その有り難さはあまり意識されない。自然環境が悪化して、それらが当たり前の事実ではなくなったとき、初めてその価値が実感されるようになる。居場所も同じである。人びとの周囲に安定した居場所があるとき、それは特段に意識されることがない。しかし、不安定なものへと変質し、私たちの誰もが等しく享受できるものではなくなったとき、それは初めて重要な話題となる。

そういった観点から過去を振り返ってみると、わが国で居場所が強く意識されはじめたのは、今世紀に入った頃からだとわかる。昨今の日本では、老若男女を問わず、居場所の大切さを実感するようになっているが、仲間意識が強く醸成される若者において、その意識はとりわけ強い。そこで、内閣府が一九七〇年代から五年おきに実施している青年意識調査の結果を眺めてみると、二〇〇〇年辺りを境目に、居場所をめぐる状況が大きく変わったことに気づく。

一八歳から二四歳を対象としたこの調査によると、友人や仲間との関係に充実感を覚えると回答した若者は、この半世紀近くずっと右肩上がりで増えつづけている。裏を返せば、そこに不満感を覚える若者は減ってきたということである。事実、この調査では、友人や仲間との関係に悩みや心配事を抱いているかどうかも尋ねているが、充実感を覚える若者が増えるにつれて、悩みや心配事を抱くと回答した若者は減少していた。

ところが、二〇〇〇年代に入るとその傾向が反転し、友人や仲間との関係に悩みや心配事を抱くと回答する若者が再び増えはじめる。この調査では、悩みや心配事の具体的な中身を尋ねてはいないが、友人や仲間との関係に充実感を覚えると回答した若者は二〇〇〇年以降も増えつづけているので、不満感を覚える若者が再び増えはじめたわけではないだろう。そうではなく、おそらく不安感を覚える若者が増えはじめたのである。

日本の社会学者による共同研究グループである青少年研究会が、一六歳から二九歳を対象に実施してきた調査によれば、二〇〇〇年以降の若者の友人数は大幅に増加している。二〇〇二年の調査では平均五二人だったのに、二〇一二年の調査では平均一〇一人へと倍増しているのである。今日の若者たちは、以前よりもはるかに豊かな人間関係を築いているようである。

しかし同時に、その一〇年間で、回答者によって友人数に大きな違いもみられるようになっている。どの程度の違いがあるかを比較するために、標準偏差を平均値で除した変動係数を求めてみると、二〇〇二年には〇・八八だったものが、二〇一二年には一・四八になっているのである。今日の若者たちの友人数は、以前よりもはるかに散らばりが大きくなっている。

この変化は何を物語っているのだろうか。この調査では、友人を多くつくるように心がけている者ほど実際の友人数も多い傾向が、この一〇年間で強まっているという結果も出ている。両者が相関するのは当然だとしても、その相関度がさらに増しているという事実は、それだけ既存の制度や組織によって人間関係の定まる比重が低下してきたことを物語っている。制度や組織に関係が縛られなくなった分だけ、個人の態度の影響度は増すことになるからである。友人数が倍増したのも、またその格差が広がったのも、おそらくこの流動化の影響によるところが大きい。

　そうしてみると、内閣府の調査において友人関係に充実感を覚える若者が増えてきたのも、人間関係の流動性が増した結果、既存の制度や組織によって不本意な人間関係をかつてほどには強制されなくなったことによるものと考えられるだろう。たとえ同じ制度や組織の一員であっても、気が合わなければ無理して付きあう必要などない。流動性が高まって自由度が増した結果、そう考える若者はかつてより確実に増えているはずである。

　しかし、制度や組織によって人間関係が縛られないということは、裏を返せば、制度や組織によって人間関係が保証されないということでもある。同じ環境を生きているのだから、付きあう相手を好き勝手に選べる自由は、その相手の側もまた同様に有している。したがって、その自由の増大は、相手から自分が選んでもらえないかもしれないリスクの増大とセットにならざるをえない。このような状況は、人間関係に対する不安感を強めていかざるをえない。

　内閣府の調査において、友人や仲間との関係に悩みや心配事を抱く若者が、一九七〇年代から減りつづけていたのに、二〇〇〇年代に入ると反転して増えはじめたのは、おそらくこのような背景による。この時期に、人間関係に対する不満感の減少分を凌駕するほど、その不安感が増大したのである。では、なぜ二〇〇〇年辺りが分水嶺だったのだろうか。

　わが国に小泉純一郎第一次内閣が成立したのは二〇〇一年である。この頃から日本社会は、いわゆる新自由主義の路線を邁進しはじめることになった。もっとも、新自由主義的な政策を日本に導入したのは小泉政権が最初ではない。その源流は、国有鉄道・電電公社・専売公社の民営化や、教育の自由化を推し進めた中曾根康弘内閣まで遡ることができる。

しかし、小泉内閣時代の新自由主義は、それ以前とは性質が大きく異なっている。思想や施策は以前と同じであっても、それを受け入れる社会の事情が以前とはまったく違っているからである。一九九一年にバブルが崩壊して以降、日本の経済成長率はほぼゼロ地点で上下変動を繰り返すようになっているし、失業率が急激に悪化していったのもこの頃からなのである。

以前のように社会のパイがまだ拡大していると感じられるとき、新自由主義の進展によって社会の流動化が進むと、人びとはそこにフロンティアを求めようとするだろう。しかし、すでに社会のパイは膨らんでおらず、逆に萎みつつすらあると感じられるときに、さらに社会の流動化が進むと、現在の生活をなんとか死守しようと、人びとは防御の姿勢へと転じることになる。

今日、社会の流動化にともなう不確実性の増大は、チャンスではなくリスクと感じられるようになっている。そして、先行きが不透明な社会のなかで現在の自分の立場を守るためには、新しい出会いではなく、旧知の確実な人間関係が重要だと考えるようになっている。こうして現在の日本では、老若男女を問わず、居場所の大切さを強く意識するようになってきたのである。

かつては桎梏とみなされ、嫌悪された共同体的な人間関係が、今日ではむしろ拠り所とみなされ、憧憬の対象となりはじめている。社会の流動化によって安定した旧来の居場所が消失してしまったからこそ、その重要性が新たに実感されるようになってきたのである。


（土井隆義）

阿部真大『居場所の社会学』日本経済新聞出版社　二〇一一
土井隆義『つながりを煽られる子どもたち』岩波ブックレット　二〇一四

おひとりさま――「究極の女磨き」は何処へ？

エッセイストの酒井順子は、かつて、年齢三〇歳以上で未婚、かつ子どもがいない女性を「負け犬」と呼び（『負け犬の遠吠え』講談社 二〇〇三）、「負け犬」は当時の流行語にもなった。家庭を持つことよりも、仕事や趣味に没頭し、結果的に三〇歳を越え、結婚・主婦・育児というレールに乗ることができなかった女性たち。酒井はそのような女性たちに対して（もちろん自らに対しても）「負け犬」という自虐的なラベルを貼り、自嘲しつつも逆説的に彼女たちにエールを送ったのだ。

それに対して「おひとりさま」はどうだろうか。二〇〇〇年以前まで「おひとりさま」というコトバは、飲食店などにひとりで来るお客を指して、一般的に使用されていた。だが、岩下久美子『おひとりさま』の出版がきっかけで、新しい「おひとりさま」の概念が流行した。岩下（二〇〇一）によると、以下のように表現されている。「①「個」の確立ができている大人の女性。②〝自他共生〟していくための、ひとつの知恵。③仕事も恋愛もサクセスするために身につけるべき生き方の哲学。④individual」。なお、注意として、「シングル（独身）主義・非婚提唱・自閉・利己主義は別義」とされ、「「おひとりさま」なら、誰かと一緒の時間もひとりの時間も同じように楽しめる」というコトバの使用例が示されている（同書）。

岩下が提唱する「おひとりさま」の対象は、主に三〇～四〇歳代の女性で、そもそものテーマは「ひとりでの外食」「ひとりでの旅行」などである。ひとりで外出したり、遊んだりすることに対して抵抗がなく、個が確立した女性というイメージである。これは、一九八〇年代前半のヒット曲、中島みゆきの「ひとり上手」とはきわめて対照的である。「ひとり上手」は、「ひとり上手と呼ばないで……ひとりが好きなわけじゃないのよ」という歌詞が示すように、決して「ひとり上手」でいることに満足しているわけではない。以前に付き合っていた彼氏に対する未練を多分に残している女性、それでいて「ひとり上手」と呼ばれる女性の心理を、中島みゆきは（やや自虐的に）歌いあげたのである。だが時代は流れ、一九九九年に岩下は「おひとりさま向上委員会」（略称：OK）なるものを設立し、「おひとりさま」への道を「究極の女磨き」ととらえ、全国の女性に普及させようとしたのだ。このような意味での「おひとりさま」というコトバは、『朝日新聞』や『読売新聞』でも二〇〇一年ごろから登場し、社会に広く流通した。

しかしながら、二〇〇七年に大きな転換期がおとずれる。上野千鶴子が出版した『おひとりさまの老後』（法研）が世間に大きなインパクトを与え、累積八〇万部（二〇一五年現在）の大ベストセラーとなり、「おひとりさま」の意味を一変させたのだ。上野は、「おひとりさま」というコトバを「団塊世代（以上）の女性」に使用し、「未婚」（結婚しない・できない）もさることながら、「死別」「離縁」も含めた境遇を指すものへとシフトさせたのだ。とくに、上野は既婚の女性もいずれはひとりになる可能性が高いことを強調し、「死別」への心構えを説いた。いま夫がいない（あるいはいずれ夫が先に死ぬ可能性が高い）女性を巻き込みつつ、老後問題として「おひとりさま」というコトバを定着させたのだ。上野の著書は、団塊世代以上の女性を対象にした「女性の老後に対応するための本」として流通した。岩下と上野の著書は、ともに「女性のためのハウトゥー本」という意味では共通していたのだが、上野は「おひとりさま」の論点をまったく別のものに変えてしまったのだ。

上野の同著が話題となり、週刊誌や新聞、あるいはインターネット上にも「おひとりさまの老後」をテーマにした記事や書き込みが増殖した。だが、これらの記事や書き込みでは、問題の論点が女性だけではなく男性に対しても広がっており、さらには「老後への備え」という問題意識は高齢者だけではなく団塊ジュニア世代へも拡散していった。テーマも「単身者の生き方・消費行動」（二〇歳代からの貯蓄、コンビニ利用、「ひとりカラオケ」「ひとり焼肉」）、「三〇〜四〇歳代の未婚化対策」（婚活、街コン）、「高齢者のリスク管理」（防犯、保険、遺品整理、財産分与、介護）、「コミュニティ形成」など、多種多様な論点へと拡大していった。すなわち、個人の意識から消費形態の分析、あるいは社会制度の充実にいたるまで、多様なアジェンダが提示されるようになったのだ。

このようなプロセスのなかで、岩下がかつて提唱した「おひとりさま」の概念は後景化し、「脱ジェンダー化」されたうえで、主として生活の危機を煽るようなニュアンスへと変容していった。たとえば、「親と子で考える　おひとりさま・結婚しない娘&息子　娘・息子がニート」（『エコノミスト』二〇一四年七月）、「防災　首都直下地震「なんとかなる」は大敵　おひとりさま生き残り方」（『AERA』二〇一三年九月）、「明日はわが身の〝おひとりさま〟働き盛りの夫が突然、逝ってしまったら――葬儀の後に、トラブル勃発！」（『婦人公論』二〇一一年三月）、「特集　無縁社会―おひとりさまの行く末―〝予備軍〟たちの焦り　崖っ縁〝中年童貞〟が急増」（『週刊ダイヤモンド』二〇一〇年四月）などである。すなわち、上野の著書は彼女の意図に反し、結果として人々の生活不安を煽り、ニートや中年童貞、あるいは地震対策まで論点を拡大させてしまったのだ。もちろん、その背景には、二〇一〇年の一月に放送されて話題になった『無縁社会』（NHKドキュメンタリー）や、翌年三月に起こった東日本大震災などによって、人間関係や家族関係の問題が大きく取り上げられたことも影響しているだろう。

さて、ここで岩下と上野の主張、とくに「人間関係」に関する議論にいま一度立ち返ってみたい。岩下は、決して女性が「孤高の存在」になることを期待していたわけではない。「〝いかにも高倉健〟になる必要はない」（同書）というコトバからもわかるように、あくまで周りの人びとと円滑なコミュニケーションをとり、そのうえで「個」を確立する必要性を説いているのだ。一方、上野の著書では「（夫婦）ふたりでいるからこその孤立」を指摘し、あるいは「子どもからの「一緒に暮らそう」という誘いは「悪魔のささやき」」と表現するなど、家族制度に対する批判的なまなざしを多分に含んでいる。さらに、夫婦関係以外の「ゆるいつながり」を多方面で確保しておくことが重要であることを強調するなど、「絆」に関する冷静な分析をも展開している。すなわち、岩下や上野の議論は、「不器用ですから……」では望むように生きていけないような社会状況を指摘しており、女性（あるいは男性も含め）の人間関係を豊かにするためのヒントを多分に含んでいるのだ。

二〇一一年の東日本大震災以降、「震災婚」や「絆」というコトバが世間を大きくにぎわし、「絆ブーム」と揶揄されることもあった。だが、そのような状況を生きるうえで、きわめて逆説的ではあるが、「おひとりさま」に関する論考は示唆的な発想に満ちあふれているのかもしれない。（高井昌吏）

岩下久美子『おひとりさま』中央公論新社 二〇〇一
上野千鶴子『おひとりさまの老後』法研 二〇〇七（二〇一一 文春文庫）

下　流——貧困か、生活スタイルか？

日本社会は、「一億総中流社会」であると長きにわたっていわれてきた。とくに内閣府が一九五八年以来行ってきた「国民生活に関する世論調査」のなかで、自分の生活の程度が世間一般からみて「上」「中の上」「中の中」「中の下」「下」のどれだと思うかという設問に対して、九割以上の人が「中」のどれかを選択するという状態が一九七〇年以降現在にいたるまで続いている。むろん、これはあくまで人びとの主観的な「意識」を尋ねた結果であって、客観的な「事実」としては資産、所得、消費などをめぐって不平等な社会階層は存在するという批判は繰り返し行われてきた。しかしにもかかわらず、戦後日本社会は、自分たちが同じ「中流」の生活を営んでいるのだという人びとの「意識」と「言説」によって安定的に秩序づけられてきたこともまた間違いない事実だろう。

そうした日本社会の「総中流」意識が、少なくとも言説のレベルで崩壊し始めたのは、二〇〇〇年頃からだといえるだろう。佐藤俊樹は、同年に出版した『不平等社会日本——さよなら総中流』（中公新書）において、一九五五年以来社会学者が一〇年おきに行ってきた「社会階層と社会移動全国調査」（SSM調査）の統計データを丁寧に読み込み、親の高い社会的地位（ホワイトカラーの管理職・専門職）が子どもに引き継がれる割合は、高度経済成長によって管理職数が増えたことによって低下し、日本は貧しくても努力すれば高い社会的地位につけるような「開かれた社会」になったという実感を人びとに与えていたが、経済成長が終わって管理職の数が頭打ちになった現在では、日本は再び「閉じた社会」に戻って、学校や職場でいくら努力してもあまり意味がないという不平等の意識を人びとに与えていると分析した。

このような、日本社会のなかに機会の不平等や経済的格差や貧困といった問題を見出し、これを行政的政策によって解決すべきと提起するような議論は、その後「ニート」「ワーキングプア」「ネットカフェ難民」「格差社会」といったさまざまな流行語とともにかたちを変えて繰り返されるようになった。それらの多くは、日本社会に貧しい階層が生み出されつつある原因を、一九九〇年代以降の長期的不況の下、政府や企業の主導のもとに進められてきた労働市場の規制緩和・自由化という政策に求め、その新自由主義的な政策が、安定した正規雇用職につけないフリーターや真面目に働いても貧困生活にあえぐしかないワーキングプアを大量に労働市場にあふれ出させる厳しい社会状況を作り出してきたことを批判的に論じてきた。

しかし実は、下層社会論は、こうした政治的に貧困問題を批判する議論以外に、マーケティング論、文化論の視点から下層文化を肯定的に扱うような議論をも同時に切り開いてきた。つまり、中流に成り上がろうとしない下層の人びとの、無気力ともいえるような生き方を、彼ら自身が主体的に選んだ生活文化やライフスタイルとして肯定的にとらえ返そうとするものだ。その端緒を開いたのが、三浦展の『下流社会——新たな階層集団の出現』だろう。ここで三浦は「下流」というコトバを「下層」とは意図的に区別して使っている。「下層」とは、食うや食わずの困窮生活をしている人（つまり政策で救済すべき人）であるのに対して、「下流」とは「中の下」の生活をしている人びとであって、決して食うや食わずの貧困生活をしている人びとのことではない。下流の人びとは、所得は確かに低いが、そのことに不満を持っているわけではない。むしろコミュニケーション能力、働く意欲、学ぶ意欲などが低いから、現状を変えるために努力をするよりは、現状のままダラダラと快適に生きようとしている人びとのことである。つまり「下流」は、ある種の生活スタイルや文化なのだ。

とはいえ三浦展は、こうした下流志向的な消費性向（イオンなどの地方の大型スーパー、居酒屋チェーン店、巨大安売り店、コンビニのカップ麺などを愛好する）をそれ独自の生活スタイルとして見出しつつも、他方で佐藤俊樹と同様に、親が下流だと子どもも下流になるしかないような階層格差の固定化に関して否定的な見解を表明し、それを防ぐための行政的施策が必要だと本書のなかでは提起していた。しかしその後、主としてサブカルチャー論・若者文化論の文脈において、ギャルの盛り髪、成人式における男たちの派手な羽織袴、暴走族の改造バイク、デコトラやデコチャリ、相田みつをの詩、浜崎あゆみや工藤静香の歌、ケータイ小説など、中流文化的な感覚からは悪趣味で装飾過剰の文化として低く評価されてきたさまざまな下層階級的な文化現象を、「ヤンキー文化」として称揚するような新しい言説の流行が起きた。

そこではもはや「下流」は、社会問題というよりは、中流的なオタク文化や都市的なモダニズム文化に抗して評価されるべき日本の土着的な文化や生活スタイルやマーケティングの問題なのだ。そのような言説の代表として、二〇一四年に出版された原田曜平『ヤンキー経済——消費の主役・新保守層の正体』が挙げられるだろう。原田は本書で、本やCDを買わなくなり、旅行や各種レジャーにも消極的で、車離れが進み、お酒も飲まず、ファッションにもお金をかけなくなった現在の若者たちの一部を「マイルド・ヤンキー」と名付け、この下流志向の若者たち向けの商品をさまざまに提案する。マイルド・ヤンキーとは、不良少年的な昔のヤンキーとは違うが、生まれ育った地元の友人たちとの親密な人間関係を大事にし、地元から出たがらない若者たちのことである。原田は、彼らこそが、今後の消費社会の主役であり、彼らが好んで使うファミリー向けの大型ミニバンや地元家族同士が子ども連れで入れるような居酒屋などの商品を提案する。

こうした下流向けビジネスのマーケティング的提案は、貧困を問題化する真面目な論客からすれば浅薄な議論かもしれない。しかし、上昇志向を持たない地元密着型の下流の生活スタイルは、ホワイトカラーたちが管理職への出世をめざして頑張り続けるような中流型生活スタイルの持っていた虚しさを鋭くついているようにも思える。そして、下流文化を解決すべき問題と考えるか、それとも対抗文化として称揚するかは、いまここで下流を分析しようとしている私たちの、中流的な学問文化それ自体の意味をも問うているはずだ。

（長谷正人）

三浦展『下流社会——新たな階層集団の出現』光文社新書 二〇〇五
原田曜平『ヤンキー経済——消費の主役・新保守層の正体』幻冬舎新書 二〇一四
五十嵐太郎編『ヤンキー文化論序説』河出書房新社 二〇〇九

あちらでもこちらでも「逆ギレ」がされている。それは子どもや若者のことだと思われがちであるが、老人（高齢者）も同じであるようだ。作家の藤原智美は二〇〇七年に『暴走老人』（文藝春秋）を出版した。そこに描かれているのは、わずかなことで極端な怒りを爆発させる老人である。老人は成熟し、ちょっとやそっとのことでは怒らない、ましてやそれを爆発させないというイメージがあったが、もはやそうではなくなった。

逆ギレ――不快感情の暴発

「逆切れ」が『広辞苑』に掲載されたのは二〇〇八年発行の第六版からであり、「（逆に切れる、から）それまで叱られたり、注意を受けたりしていた人が、逆に怒り出すこと」とされている。また同じ第六版には、「切れる」は「我慢が限界に達し、理性的な対応ができなくなる」とあるが、この意味での「切れる」が載ったのは一九九八年発行の第五版からである。

逆ギレは「逆に切れる」ということなので、まずは逆ではない順当な（？）「切れる」についてみていきたい。「我慢が限界に達し」て切れるものは、かつては「堪忍袋の緒」であった。堪忍するこころの袋がふくらんで緒が切れるというたとえから、じっとこらえていた怒りがたまりにたまって爆発することを表した。そこにはじっとこらえてためるという時間的プロセスが存在する。

一九八〇年代に、「プッツン」というコトバが広まった。一九八六年には流行語大賞の大衆賞を受賞したくらいに広く使われたコトバである。マンガなどでよく描写されるが、こめかみの血管がプッツンと切れる様子に由来したコトバであり、張りつめた糸が切れる感じでもある。そこには「我慢をためる」という時間的プロセス（怒り出す予兆）はあまり感じられない。「堪忍袋の緒」という、ある意味古くさいものが切れるのとはニュアンスが異なる。

一九九〇年代に入ると「プッツン」は使われなくなり、代わりに「切れる」が使われ始めた。『広辞苑』に「切れる」が掲載された一九九八年というのは、このコトバがマスコミで大きく扱われるようになった年である。同年一月に、遅刻を注意された男子中学生が持っていたバタフライナイフで女性教師を刺殺するという事件が起こった。ショッキングな事件だったため連日報道され、「普通の子」キレて凶行」（『朝日新聞』一九九八年一月二九日）、「なぜキレるフツウの子」（『毎日新聞』一九九八年二月七日）などと、「切れる」というコトバが多用された。そこには、「バタフライナイフ」という刃物の持つイメージも重ねられているように思う。

他人から注意されてそれに激しく反応するという態度は、現在では「逆ギレ」といわれるだろうが、この時点（一九九八）では「切れる」だった。この「切れる」には、「プッツン」同様に、「我慢をためる」という時間性は感じられない。本来、怒りというのは、他者にも理解可能ななんらかの理由が背景にあるはずだが、「切れる」にはそれは感じられない。代わりに感じられるのは、瞬間的に何をするのかわからないという空恐ろしさである。

キレる子どもたち・若者たちが話題になったこの頃、教育学者で評論家の齋藤孝が『子どもたちはなぜキレるのか』を出版した。そこでは「同じキレるといっても、キレる当人が置かれている事情によって、事態はまったくちがってくる。大づかみにいえば、強者のキレ、弱者のキレ、逆ギレの三つに区分できる」と説明し、「「弱者のキレ」は、ときに、「逆ギレ」と混同されるが、両者は違うものだ。「逆ギレ」というのは、キレル道理のない側が切れることだ。それに対して、「弱者のキレ」は、切れるだけの道理があるわけで、「逆ギレ」ではない」とされている。齋藤の指摘から、一九九八年のバタフライナイフ事件とほぼ同じ時期に、「逆ギレ」というコトバがある程度使われていたということが理解できる。なお、『現代用語の基礎知識』（自由国民社）にも、一九九八年版から「逆ぎれ」が掲載されている。

二〇〇〇年代に入って、「弱者のキレ」と「逆ギレ」はさらに混同されていった。道理があるかどうかはもはや問題ではなくなり、「逆ギレ」が頻繁に使われるようになった。相手が自分に対して、しかること、怒ること、注意をすること、をすべて「キレている」ととらえ、それへ激しく反応する人が増えてきた。他者からの注意に対する耐性が低く、それを自分に対する人格否定と受け取るのだろう。そう考えると、この場合の「逆ギレ」は「逆上ギレ」というのが適切なようにも思われる。

ここまでみたように、「逆ギレ」というコトバは、「弱者のキレ」「逆ギレ」、それに「逆上ギレ」も含めて、なんらかの関係の中で不快な感情を持ったときに瞬間的に相手に対してそれを暴発させること、というのが適切かもしれない。

ところで、多くの意味を含んだ「逆ギレ」というコトバが広まり、それが「切れる」より頻繁に使われるようになってから、「切れる」のほうの意味が少し変わってきたようにも思われる。最初の頃の「切れる」や「逆ギレ」にはまだ相手とのやりとりが存在するが、「逆ギレ」が広まってから使われる「切れる」には相手とのやりとりが存在しないような感じがする。「切れる」が当人の中だけで完結した行為のようになり、このコトバの意味するところが余計に恐ろしくなった感がある。「切れる」のが堪忍袋の緒や血管や緊張の糸ではなく、周囲、文脈、脈絡、もっといえば日常の意識からも切れているといえようか。

そう考えると、「逆ギレ」は、逆ではあれ、まだ誰かとつながっているともいえる。逆なり、上下なり、強弱なり、が存在する相手との関係性が存在している。つまり、周囲、文脈、脈絡から切れずに、日常の意識とどうにかつながっている。時間性はなくなったが、まだ関係性はあると考えられるのである。それに対して、昨今、使われている意味での「切れる」には、時間性も、関係性も存在しない。

いずれにしても、「逆ギレ」ではない正当な怒り、つまり、道理のある怒り、時間性のある怒り、我慢できる怒りが成立しにくい社会になっている。そういう怒りさえも、相手が「逆ギレ」と認識すれば、道理も倫理も骨抜きにされてしまう。「逆ギレ」がしばしばみられる社会とは、一方で、「怒る」ことが成り立たない社会といえるかもしれない。

（工藤保則）

香山リカ『キレる大人はなぜ増えた』朝日新書 二〇〇八
齋藤孝『子どもたちはなぜキレるのか』ちくま新書 一九九九
森真一『日本はなぜ諍いの多い国になったのか』中公新書ラクレ 二〇〇五

孤独死――かすかなほほ笑みとともに

孤独死というコトバは、一九七〇年代の初め頃から使われるようになった。そのきっかけになったのは、マスコミ、とくに新聞の報道記事である。たとえば、八二歳の男性が誰にも看取られることなく亡くなり、一〇日後に娘に発見されたとか、都営住宅で孤独のうちに病死した五九歳の男性が一か月後に発見された、というような報道が相次いだ。そして一九七三年には、全国社会福祉協議会が「孤独死ゼロ運動」を呼びかけるにいたった。

その後、「孤独死対策」に取り組む自治体などは増えていく反面、マスコミやジャーナリズムにおける孤独死の話題性はむしろ低下していく。だが、一九九五年一月の阪神・淡路大震災のあと、仮設住宅でひとりで亡くなる高齢者などが注目され、孤独死は再び大きな話題となり、「孤独死」というコトバもこの頃から広く定着する。当時の孤独死問題については、仮設住宅地の仮設診療所で医療活動にあたった医師、額田勲の著書『孤独死』（一九九九）が詳しい。多くの具体的なケースを通して「弱者切り捨て」の構造が的確にとらえられている。

さらに近年では、「無縁社会」や「絆」といったコトバとの関連、またそれらのコトバが普及する社会的状況との関連もあって、孤独死をめぐる議論はますますさかんである。しかしさかんであるだけに、議論が拡散し、焦点があいまいになってしまう傾向もある。

たとえば、そもそも何をもって孤独死というのか、その定義からしてさまざまである。すでにふれたように、もともと孤独死というのは、死後一か月とか一〇日とか、かなり長期にわたって気づかれなかったケースを指していた。しかし、孤独死が広く話題となり議論されるなかで、死から発見までの期間がだんだん短くなり、ついにはその期間にかかわらず、単に誰にも看取られない死を孤独死と呼ぶことも増えてきた。たとえば『広辞苑』（第六版 二〇〇八）では「孤独死＝看取る人もなく一人きりで死ぬこと」とされており、発見までの期間は考慮されていない。

もちろん、発見までの期間にこだわる考え方は今でも少なくないが、たとえば二日以上なら孤独死とみなすとか、あるいは四日以上なら……とか、その期間は以前よりも短くなっている。比較的長いのは都市再生機構の考え方で、死後一週間とされている。つまり、誰にも看取られない死であっても、一週間以内に発見された場合は「孤独死」とはみなさない、というのである。都市再生機構は、国土交通省所管の独立行政法人であり、市街地の環境整備や旧公団住宅の管理などを主たる業務としているので、一週間以上にもわたって遺体が発見されないと、その処理がたいへんになり社会的コストが増大するという観点から孤独死をとらえているようだ。先の二日以上とか四日以上といった基準も、主として死体の腐敗や損傷の可能性を考慮したものであるらしい。

かつて、孤独死における死から発見までの期間の長さは、死者と家族や親族、あるいは地域社会とのつながりの薄さをあらわすものとイメージされていた。しかし今日では、それはむしろ、死体の処理などを含めた事後処理のコストを示すものとなっている。実際、賃貸のアパートやマンションで孤独死した独居老人が長らく放置されたため、その後の遺体処理や部屋のリフォームに莫大な費用がかかり、それを遺族が請求されるといったケースも少なくないという。一方、つながりの薄さのほうは「無縁死」という新たなコトバで表現されるようになる。これは、二〇一〇年一月に放映されたNHKスペシャル『無縁社会～〝無縁死〟三万二千人の衝撃』のなかで用いられたコトバで、「看取る人がない」ばかりか「引き取り手もない死」を意味する。孤独死の極端なケースともいえよう。

孤独死の問題を（その対策をふくめて）国のレベルで扱っているのは厚生労働省であるが、ここでは、孤独死というコトバは独居高齢者を連想させる傾きがあるとして、「孤独死」のかわりに「孤立死」というコトバを使っている。たしかに、二〇一二年一月の札幌の姉妹死亡事件などは、孤独死が決して独居高齢者だけの問題ではないことを広く認識させた。これは、札幌のマンションに住んでいた四〇代前半の姉妹が生活に困窮し、ガスなども止められた状況のなかで一二月二〇日頃に姉が脳内血腫で亡くなり、知的障害のある要介護の妹は助けを求めるすべもなく半月ほどのちに凍死（または餓死）し、二人の遺体が一月下旬に発見されたという痛ましい事件である。

孤独死・孤立死（どちらの呼称を使うにせよ）の問題は、少子高齢化や核家族化、地域社会の変容、あるいは国の医療政策（在宅医療推進策）など、多くの構造的な要因と複雑に関連している問題なので明快な解決策などはない。だが、ともかくも孤独死・孤立死を防止しようとする活動は、厚労省や地方自治体、また社会福祉協議会などの民間団体、各種のNPO組織、あるいは町内会や団地の自治会などによって、さまざまなかたちで展開されている。なかには、新聞宅配ネットワークとの連携、IT機器の活用など、独自の工夫を組み込んでいる場合も少なくない。

しかし、こうした活動が「孤独死予備軍」の人たちから歓迎されているかといえば、必ずしもそうではない。「余計なお世話だ」「死ぬときぐらい勝手に死にたい」「誰にも看取ってもらう必要なんかない」などという人も結構多いのである。たしかに、死とはほんらい誰とも共有できない経験であるから、看取られようが看取られまいが「すべての死は孤独死である」ともいえる。とすれば、誰にも看取られない死をことさらに強調し憐れむのは感傷的反応にすぎないであろう。孤独死を忌避すべきものとして否定的にのみとらえる社会通念は見直されてよい。だが反面、事後処理とそのコストのことなどを考えれば、「人はひとりでは死ねない」といわれるのもよくわかる。つまり、孤独死を肯定あるいは容認するのであれば、そのコストを最小限に抑えるための、その人なりの準備（孤独死を前提とする「終活」）も必要だということであろう。

D・ブッツアーティの小説『タタール人の砂漠』の主人公は、辺境の砦で、はた目には空費されてしまったかのような人生を送り、老いて健康を損ない、不本意に任務を解かれて故郷に帰る、その途中の旅籠の一室で孤独のうちに生涯の終わりを迎える。「彼は気持ちを奮い立たせて、幾分胸を張り、片手で軍服の襟元を正すと、窓の外に目をやって、もう一度最後に星をちらりと眺める。それから、闇の中で、誰ひとり見ている者もいないのに、かすかに笑みを浮かべるのだった」（脇功訳）。これは、孤独死のひとつの理想形かもしれない。しかし、現代の日本でこの理想に多少とも近づくためには、個人の側でのそれなりの準備とともに、そういう個人をサポートする社会的施策（「正しい孤独死」を支援する施策？）の充実も必要になるはずである。

（井上　俊）

額田勲『孤独死――被災地で考える人間の復興』岩波書店　一九九九（岩波現代文庫　二〇一三）
結城康博『孤独死のリアル』講談社現代新書　二〇一四
新谷忠彦『孤独死のすすめ』幻冬舎ルネッサンス新書　二〇一三

コミュ力──正体のない能力

コミュ力とは、「コミュニケーション能力」を略した言い方である。「コミュニケーション」というコトバが日常生活の中で使われるようになったのはそう古いことではない。二〇〇九年に出版された『コミュニケーションの社会学』（有斐閣）では「「コミュニケーション」という概念が現代の日本社会のように日常会話の中で使われるようになったのは、ここ一〇年、二〇年のことだといってよい」と書かれている。それから考えると、早くても一九九〇年くらいからといえるだろう。同書には、「私たちは無意識のうちに、伝統的な生活のなかで交わしてきた具体的な「交際」や「つきあい」とは違ったニュアンスを持つ言葉として、「コミュニケーション」を使っている」と書かれているが、そもそも日常的に使っていながら「コミュニケーション」というコトバが何を指すのかはよくわからない。

毎年、コミュニケーション能力が話題になるときがある。それは、日本経団連が「新卒採用に関するアンケート調査」の結果を発表するときである。いちばん最近では二〇一四年九月二九日であり、その調査結果として「企業が採用選考時に重視する要素ではコミュニケーション能力が一一年連続で一位」となったことが発表された（全部で二六ある要素の中で「五つ選択」する形式。上位八つをあげておく。コミュニケーション能力　八二・八％、主体性　六一・一％、チャレンジ精神　五二・九％、協調性　四八・二％、誠実性　四〇・三％、責任感　二八・一％、論理性　二三・七％、潜在的可能性（ポテンシャル」二一・四％）。この質問事項は二〇〇一年からあり、二〇〇三年をのぞいて毎回、コミュニケーション能力が一位となっており、その値は右肩上がりになっている。ここで少し気になるのは、調査結果をもう少し細かくみれば——企業の規模別でみたり、業種別でみたりしたら——違った結果になるのではないだろうかということである。全体として「コミュニケーション能力が一位」という結果だけが独り歩きしているようにも思える。

とはいえ、コミュニケーション能力が一一年連続で一位になったことは事実であり、またその値が右肩上がりになっているのも事実である。その結果が、失われた一〇年とも二〇年ともいわれる構造不況、就職においては買い手市場となっている現状の中にある若者（学生・生徒）に対してなんらかのメッセージかつプレッシャーとなっているのも事実である。

いったい、コミュニケーション能力とは何を指すのだろうか。コミュニケーションはかなり広い意味を含むコトバであり、その能力といっても漠然としている。そこで、先の調査の質問事項である「採用に当たって重視した要素」という点から考えてみたい。採用に当たってということは、入社後、同僚として働くことになるであろう若者に対して、先輩として、「今の職場ではこういうことが求められるから、それを備えていることが望ましい」と考えているということになる。現在は、社内外をこえたチームで働いたり、同じ部署でも正規社員と非正規社員が共に働くことが増えた。また、グローバル化のため海外とのやりとりも増えている。だとすると、コミュニケーション能力とは、一様ではない環境の中で積極的なやりとりができること、つまり差異のある中でそれを乗り越えるやりとりができることを意味しているように思える。

産業界からの要請と呼応してか、教育の場でもコミュニケーション能力が多用されるようになった。二〇〇二年以降実施の学習指導要領では「生きる力」が謳われ、それはその後「人間力」というコトバで言い表されるようになった。「人間力」とはコミュニケーション能力をはじめ、独創性、問題解決能力といった全人的な資質や能力をいうようである。このような客観的に把握することのできない力が求められることを、教育社会学者の本田由紀はハイパーメリトクラシーと呼び、批判的にとらえている。

以上は、社会・会社から若者に要請されるコミュニケーション能力であるが、若者のほうに軸足を移せば、少し違ったコミュニケーション能力がみえてくる。若者は将来の就職のためだけに生きているのではもちろんない。就活の文脈以外でも、若者はコミュ力というコトバを頻繁に使う。しゃべりがうまい、ボケとツッコミのあるおもしろい会話ができる、その結果として友だちが多い、というのが一般的な若者におけるコミュ力（の高さ）と思われているようだが、実際は必ずしもそうではないようだ。社会学者の土井隆義が『「個性」を煽られる子どもたち』（岩波ブックレット 二〇〇四）において述べるように、かれらは非常に繊細な気を遣って対立をぼかし、お互いに摩擦が起こらないようにコミュニケーションをとっている。関係の摩擦なし化・スムーズ化のために絶えざる努力をしているのである。コミュ力とは回避する・ぼかす力といってもいいかもしれない。空気を読むどころか、それよりも格段に高度な能力なのである。

ここまで代表的（?）と思われるコミュ力を二つみたが、それらは大きく異なっている。このように、コミュ力といわれるものは、相手、場所・場面・状況によってかなり違ってくることがわかる。そこまで違うものが同じコミュニケーション能力というコトバで表現されているのである。

そもそも能力というコトバは心身の基盤的な性能、資質、性質のことであり、その人物個人がそなえているものとされてきた。学力に代表されるように、なんらかの尺度によって測れるものでもあった。だが、コミュ力は、相手、場所・場面・状況によってかわってくるため、個人の資質に由来せず、測定もできない。いわば「正体のないもの」ではないだろうか。

正体のないものを能力といってしまうところから、コミュ力にまつわる何か得体のしれないしんどさが生まれているような気がする。コミュニケーションがうまい人、下手な人、というのは経験としてわかるが、下手な人がそれをどうやって上達させたらいいのかはよくわからない（下手は下手でいいようにも思うが……）。参考書を読んで学力をあげるように、『聞く力』（阿川佐和子 文春文庫 二〇一二）、『伝える力』（池上彰 PHPビジネス新書 二〇〇七）、『コミュニケーション力』（齋藤孝 岩波新書 二〇〇四）などといった本を読んだからといって、コミュ力が高まることもないだろう。

私たちはコミュ力という正体のないものに圧迫され、ふりまわされている――そうだとすると、その正体のないものを仮にあるものとして擬人化するならば、コミュ力君はコミュニケーションがあまりうまくないように思えてしまう。


（工藤保則）

奥村隆『反コミュニケーション』弘文堂 二〇一三
中島梓『コミュニケーション不全症候群』筑摩書房 一九九一（ちくま文庫 一九九五）
渡辺潤監修『コミュニケーション・スタディーズ』世界思想社 二〇一〇

つっこみ――玄人芸と素人評論

強い勢いで中に入ることを指す動詞「つっこむ」の名詞形。転じて、議論や思考が深いさま。内容がないときに、「つっこみが足りない」というように使われた。ところが現代では、会話における役割分担、あるいは発せられたコトバの効果について評価する際に使うことが定着した。

漫才という芸は、基本的に二人一組の話者が交互にコトバを発するかたちをとり、その対話のなかからおもしろみが生まれる。ひとりは、間の抜けたこと、見当ちがいや明らかなまちがい、意味不明なことをいう。そして、もうひとりはそれを受け、誤りを正したり、言い過ぎを制止したり、話を本筋にもどしたりする。この役割の組み合わせを「ボケとツッコミ」と呼ぶ。もちろん、笑いにかかわる芸にたずさわる人たちの専門用語であった。けれどもいまは、そういった来歴もふくめて理解され、日常的に用いられる。

ほんらいの「つっこむ」という動詞の意味からは、いささか遠くなった。たとえば「敵陣に突っこむ」という表現は、勇ましさを伝え、悲壮感を漂わせる。これを「敵陣にツッコミを入れる」といいかえると、違和感が大きいばかりか、不謹慎でさえあるだろう。それは、必死で攻めてくる敵が、とぼけた存在ではありえないからなのだが、ことほどさように「ツッコミ」という語が「ボケ」という語との連携を強く求めることをしめしてはいまいか。

いわば楽屋での隠語であったはずのものが、なぜ一般の人びとの会話にあらわれるようになったのか。また、それはいつごろからのことなのか。その答えは確定しづらい。

一九八〇年代、全国的なお笑いブームのなかで、大阪を本拠にしていた漫才師やタレントが東京制作の番組に出演した。たとえば明石家さんまを思いうかべればよい。彼らは、たんに視聴者を笑わせるだけでなく、番組収録中のスタジオにいるスタッフや共演者をも笑わせる必要があった。よりおもしろく、より大きな笑いをおこすべく、表現を練り、技術をみがいた。その過程で、「このタイミングでちゃんとツッコまんかい」「いまのボケでは足らん。もう一回くりかえさんかい」などと論じていたのだろう。推測にすぎないのだが、そういった試行錯誤そのものが、笑いの質を吟味し、評価する際のコトバとして共有され、電波にのって一般家庭にも届くようになったのではないか。

ちなみに、この「ボケ」および「ツッコミ」は、それぞれ牧村史陽編『大阪ことば事典』に見出し語として採録されているものの、芸人が使うような含意の語釈は記載されていない。つまり、演芸評論などは別として、一般人にはなじまない表現だったのだ。寿司屋の帰りぎわ、客は「お勘定をおねがいします」というべきであって、本来は店側の符牒である「お愛想」を用いるべきでないのと同じだ。

だが、ボケとツッコミという業界用語は比較的短期間で多くの人びとに広がった。それは、若い芸人たちが、観客の前で使うべきでない表現を差し控えることをせず、むしろ積極的に使うことで、自分たちがいかに笑いの構造を意識し、またその技術に長けているかをしめそうとしたからであろう。彼らの多くは、お笑いの基本的知識や技術を、師匠のもとに弟子入りして修業するのではなく、専門の学校で修得した世代である。

明石家さんま以降、という時代区分を採用することは、彼ひとりにこの現象の牽引役をおしつけてしまうことになりかねない。同じころ「爆笑王」の異名をとった上方落語の桂枝雀（故人）も、しばしば噺の途中で物語から「おりて」、噺の外側から物語についての、あるいは落語の技術に関するコメントをくわえた。そのことがまた、古典の演目では新鮮に感じられ、さらなる笑いを生んだ。

さんまも枝雀も、落語家に弟子入りして修業した。だから、師のあるなし、古典か古典でないかというちがいが、パフォーマンス中に第三者的な評論をするような態度をとる／とらないの分かれ目とはかぎらない。ふたりはともに、テレビというメディアをつうじて人気を獲得した点で共通する。メディア史的に考えれば、このテレビのお笑いブームの時期が転機となり、一般の人びとも身のまわりの笑いに関心をもち、芸人気どりの視点から物を言うようになったようだ。

笑いを生む話し方について、当の話し手自身が言及する。この第三者的な立場をとりつつ話をすすめるようなコミュニケーションは、一般の人びとどうしの日常会話にもとりこまれていく。専門用語だったであろう「（聴衆を）あっためておいた（＝笑いやすい雰囲気をつくっておいた）」「すべった（＝受けなかった）」「噛んだ（＝言いまちがえた）」などは、いまや小学生が使っても不思議ではない。笑いの技術は師匠から弟子に口伝される秘訣ではなくなった。テレビや専門学校で学ぶことができるようになった以上、特権的なものではない。この民主化はしかし、素人を芸人化し、批評家気分にさせる。ひいては要求水準を上げ、芸人にとって高い期待に応えなければならない逆境を用意する。

笑いのブームはたくさんのネタ番組やコンテストをつくりだした。分秒刻みのきわめて短いパフォーマンスのなかで、どれだけ多くの爆笑をとることが可能か。理論に基づくからには、笑いは合理的なものだ。また、単位時間内によりよい結果を出すことが求められる点で、効率が評価される。それは、笑いの対極にある、強い緊張感をともなったスポーツの様相を呈する。

結果的に、ゆったりとした時間の流れのなかでの笑いや、芸人と聴衆の成長や加齢によって了解にいたるようなタイプの話芸は、つまらないものと考えられる始末だ。ボケとツッコミという対におさまらないものは、なかなかわかってもらえない。語り芸で表現される、泣きと笑いとが同居するような感情のありようなど、理解もされず人気を失う運命にある。

いっぽう、素人にとっても話術が重んじられる時代はつらい。ボケとツッコミという役割は、「キャラ」となり、そのキャラを演じることが求められる。場の空気を読み、うまいボケをかまし、あるいはタイミングよくツッコむ。これが、素人にとってほんとうに必須の処世術なのかは疑問だ。けれどもいまは、寡黙な男も、つつましい女性も、オモシロくない奴とみなされる可能性がある。

笑いの理論は秘伝ではなくなった。だが、みながその技量に秀でているわけではない。うまいボケができない人は、いわゆる「天然」、生来の「おバカ」キャラを引き受けるハメになる。ツッコミもむずかしい。「そんなアホな」の連発で許されるはずもなく、いつしか前の発言を否定することだけに終始する。否定的言辞の繰りかえしは、ハラスメントと紙一重なのである。（永井良和）

太田省一『社会は笑う――ボケとツッコミの人間関係（増補版）』青弓社 二〇一三

無縁社会――個人化の極北

「無縁社会」というコトバが広まるきっかけとなったのは、二〇一〇年一月に放送されたNHKスペシャル『無縁社会～〝無縁死〟三万二千人の衝撃』である。誰にも知られず孤独に亡くなり、引き取り手のない死を「無縁死」と呼び、いくつかのケースの綿密な取材から、孤独死を迎えるにいたった一人ひとりの人生を浮かびあがらせる番組は、大きな反響を呼んだ。その後、関連番組が放送され、新聞や雑誌で特集記事が組まれるなど、マスメディアで話題になると同時に、若者をふくむ幅広い世代の関心を集め、ネット上でも「他人ごとではない」「自分も無縁死するかも」などの書き込みが目立った。「無縁社会」というコトバは、二〇一〇年の「新語・流行語大賞」のトップテンにノミネートされている。

だがそれにしても、幅広い世代の人びとが「無縁死」「無縁社会」に切実なリアリティを感じた背景には、いったい何があるのだろうか。一方では、単身で生活する人びとが増えている、という「現実」があるだろう。生涯未婚率は上昇傾向にあり、二〇一〇年の国勢調査では、男性の五人に一人が、女性の一〇人に一人が、生涯独身という計算になっている。また二〇三〇年には男性の三人に一人が、女性の四人に一人が、生涯独身になると予測されている。血縁のネットワークから切り離された個人が、現在、巨大な社会層を形成しつつあるのであり、それら個人は、介護や看取りなど福祉の互助的ネットワークから外され、誰にも知られないまま孤独に死んでゆく「無縁死」のリスクが高まっていることになる。

けれども、そのような客観的「現実」(=「ひとりであること」の量的な増大)だけでは説明できない、いわば「ひとりであること」の質的な変化が、「無縁死」というコトバへの、人びとの鋭敏な反応にはあらわれているように思われる。その点を、もう少し突き詰めてみたい。

まずは、コトバの問題から考えてみよう。「無縁」に近いコトバに「孤独」があるが、両者にはどのような違いがあるだろうか。定義風にいえば、「孤独」が、関係性からの主観的な疎外感にかかわる一時的な心理的状態であるとすれば、「無縁」は、関係性からの客観的な疎外にかかわる持続的な社会的状態である。心理状態としての「孤独」は、紛らわせたり、慰めたり、癒したりできるが、社会状態としての「無縁」は、そうしたごまかしがきかない。「孤独を癒す」という言い方はあるけれども、「無縁を癒す」という言い方はない。また「孤独」には、みずから望んで接触を断って閉じこもり、思索や物思い、夢想にふけるという面があり、そこには、一抹の甘美さも漂う。だが「無縁」は、自分の意思ではコントロールできず、孤独のように「浸る」だけの深みもない、ひたすら殺伐とした、恒常的な関係性の切断状態にすぎない。気晴らしで癒すことも、甘美に浸ることもできない「無縁」には、ただただ救いがない。

そうした「孤独」と「無縁」の違いを、やや唐突だが、マンガ表現のうちに求めてみよう。松本零士の『男おいどん』(一九七一~七三年連載)は、地方から上京し、大学進学をめざして四畳半の下宿で極貧生活を送る主人公と、彼をとりまく人びととの交流を描いた作品である。毎回のラストシーンには、きまって四畳半に寝転がる主人公の姿に、彼の孤独な心情をうたうポエム調のフレーズがかぶせられる。「おいどんは　わらって寝た　歯を食いしばって　わらって寝るのだ　いま気がくるいそうなほど　さびしいのを　だれが　わかってくれようか」という具合に。孤独だ、とはいえ、下宿屋のバーサンや中華料理屋のオヤジなど、主人公に親切にしてくれる人はいるし、同じ下宿屋に住んでいる若者たちとのかかわりもある。ただ、周囲が楽しそうに大学生活を送る様子をみて、ふと疎外感を覚えたり、自分だけが落伍者になるのでは、という不安に駆られるとき、主人公は孤独感にさいなまれるのである。

古谷実の『わにとかげぎす』（二〇〇六〜二〇〇七年連載）は、三二歳にして、ふと友だちが一人もいないことに気づき、友だちがほしい、と願うようになる夜間警備員の男の物語である。夜中のホームセンター内で筋トレをしつつ、彼は不安に襲われる。「オレは今　ビビっている…　得体の知れない不安に襲われ　心がビビりまくっている…」。「友人と呼べる人がいない　ただの一人もいない　ましてや恋人などいるワケがない…」。「ある日　突然…　孤独に対し　死の影すら垣間見るようになってしまった…」。疎外感から孤独を覚える「おいどん」とは違い、彼の場合、周囲にそもそも比較対象となる知り合いがいない。「孤独」とはいいながら、彼が強い不安を感じているのは、むしろ「無縁」の現状と、その帰結である。興味深いのは、彼が孤独を「罪」だと感じていることである。三二年間、みずから努力をせずに、ただ無為に過ごしてきた結果、友人がいないという現状があり、その「罪」を償いたい、と彼はいう。「無縁」の状態はここで、関係性をつくらないという選択の結果として現象している。

選択の結果としての「無縁」の状態という「見え方」。そしてまた、その状態にともなう自責の感情。さきにふれた「ひとりであること」の質的な変化とは、この二点に深くかかわっている。その背景にあるのは、ごくシンプルにいえば、個人化し、リスク化した、再帰的なモダニティの進展である。社会学者のA・ギデンズやU・ベックが描き出す、再帰的な社会にあっては、あらゆることがらが個人の選択の対象となる。が、同時に個々のオプションにはもれなくリスクが付随し、選択に由来するネガティブな帰結は、個人レベルで対処すべき問題とされる。いわゆる「自己責任」である。こうした再帰性が高まった社会状況にあって、無縁の状態もまた、個人が行った「はずの」選択の積み重ねの帰結として現象してくる。友人をつくらなかったこと、結婚をしなかったこと、親族とのつながりを絶ったこと、等々の選択の帰結として、無縁の現状があるものとみなされる。じっさいに本人が、個々の選択をしたか否かにかかわらず、それは「選択の結果」という「見え方」をするのである。

いま私が無縁であるのは、他の誰のせいでもなく、ほかならぬ自分のせいなのだ――そうした自責感情が、無縁というコトバにはつきまとう。「ひとりであること」を、死にいたるまで（もしくは死のあとも）どこまでも個人的に引き受けさせられてしまうこと。「無縁死」というコトバには、こうした個人化社会の、徹底的な寒々しさが映し出されており、人びとは、それゆえにこのコトバに強く反応し、「他人ごとではない」と感じたのではないだろうか。

（近森高明）

NHKスペシャル取材班『無縁社会』文春文庫 二〇一二
ウルリッヒ・ベック、スコット・ラッシュ、アンソニー・ギデンズ（松尾精文・叶堂隆三・小幡正敏訳）『再帰的近代――近現代における政治、伝統、美的原理』而立書房 一九九七

6

食・健康

除菌——見えぬがゆえに

見えない「敵」。敵はいないに越したことはない。さまざまな手立てが講じられる。敵が激昂せぬうちに、敵の戦意を喪失させるというのはどうか（消毒）。だがしかし敵は無数だ。またいつ襲ってくるか油断ができない。おもいきって殺してしまおうか（殺菌）。待て、敵は無数に存在する。少々殺したところでとても手に負える数ではない。ええい、それなら敵を全滅させようか（滅菌）。しかし敵は見えないのだ。あやまって味方を傷つける可能性がある。どうすればよいのだ。うつ手がないなら、防衛するしかないだろう（抗菌）。弱みを見せなければ、敵も簡単には攻めてこられないではないか。だが敵も手をこまねくばかりではないだろう。それなら敵がどこかべつのところへ行ってくれないだろうか（除菌）。だが、行ってもまた戻ってくるかもしれない。せめて敵をある程度減らすことはできないのか（減菌）。なにをいう、敵は無数にいるだけではなく、さまざまな身体能力をもっている。ひとつの方法で減らせるのには限界がある。

戦いはつづけられる。ヒトはバイ菌に対してずいぶん物騒な対応をしている。かつて、見えないのに「在る」とおもわれていたものは、たましいか、神仏くらいだったろうか。原因不明の病は、きっとバチか、なにかの呪いや怒りと判断された。寺社に貢物を奉納するか、まじないごとをして、また古くから伝わる知恵をふるって、わざわいが通り過ぎるのを待った。

じつは見えない敵との戦いの歴史は長いものではない。バイ菌をとりのぞくために手を洗うという、現代では当然の基本的な行為でさえ、欧米では一九世紀後半になってようやく提唱された。日本では、冒頭の段落の括弧内に挙げた六つの語彙、すなわち消毒、殺菌、滅菌、抗菌、除菌、滅菌は、すべて明治時代には登場している。

除菌のはじまりには、コレラ菌の存在がかかわる。明治時代にドイツの細菌学者がコレラ菌を発見した。日本においても、さまざまなものが消毒され、殺菌された。そして予防のための工夫のひとつが、バイ菌のない水をつくることだった。水を濾過し、除菌したのである。医療や醸造業などの専門的な分野はさておき、戦前まで、日常生活において除菌されるのは水ばかりであった。

それは、除菌しなければ命が脅かされる危険があったからである。戦前のバイ菌との戦いは、生死にかかわる戦いであった。

しかし、見えない敵を過激なまでに嫌悪し、除菌に対して過敏なほどに固執するのは、一九九〇年代以降である。不思議なことに、現代の関心は、生死とは直接かかわらない除菌に対してむけられている。水道水を飲んで死ぬかもしれないと恐れる人は、日本においては皆無だろう。だが、継続的に除菌されつづけているからこそ、水道水は安全なのである。

日本は、戦後からの努力の蓄積で衛生的な国になった。しかし、ひとたび清潔さになじんでしまうと、あともどりができない。身体はすでに戦前の環境に対する抵抗力をもちあわせていない。花粉症などのアレルギー疾患は社会問題となっている。しかし、清潔すぎるがゆえに、疾患を引き起こしたという皮肉な解釈もある。除菌への依存は高まるいっぽうである。前へすすむしかない。

温水洗浄便座になじんだ人びとは、洗えない便座にはもう満足できない。潔癖症になってしまった人びとは、水道水だけで手洗いを済ませることができない。それどころか、平成時代に生まれた人のなかには、かつての悪臭を知らない人もいる。

除菌されていないものが信じられない。今はそんな時代なのではないか。除菌される対象を無作為に挙げると、水、缶詰、青果物、惣菜、空気、トイレ、身のまわり、赤ん坊、まな板、台所用スポンジ、車、衣服、カーテン、手、歯ブラシ、入れ歯、公園、靴……。きりがない。

バイ菌のいる場所。屋外には無数にいる。室内でも玄関、廊下、リビング、押入れ、台所、トイレ、浴室、洗面所、寝室。バイ菌がいないところはない。そして退治してもすぐに再発生する。

除菌の方法もさまざまである。（バイ菌を）拭く。吸い出す。洗う。殺す。寄せつけない。遮断する。弱らせる。無力にさせる。だが、くりかえすが、バイ菌は見えない。たしかに拭き取ったかどうかはわからない。ほんとうに弱らせたかどうかはくらべられない。消費者は、うたい文句を信じるしかない。見えぬがゆえに、念のため、念のため、と、対応は過剰になる。

二四時間除菌しつづけないと不安な保護者。ウイルス予防対策のための携帯型空間除菌剤を着用して寝ていた子どもが腹部にやけどをした。二〇一三年、消費者庁が注意を呼びかけた。

一瞬たりともヒトの体臭を感じさせてはならない。ある衣料用液体酸素系漂白剤は、品名に除菌と抗菌をうたい、それで洗えば、着てから脱ぐまで一日じゅう消臭効果が持続すると宣伝した。ヒトに固有の体臭は否定された。現代、ヒトの個性として想起される特徴に、体臭は含まれない。その代わり、消臭芳香剤が香る。ヒトの身体のにおいは、販売される製品のちがいで類別できる。

二〇一四年の夏、わたしは電車に揺られ、手すりをしっかりと握りながら、「この車両の吊り手・手すり等には、抗菌・消臭・抗ウイルス処理をしています」という注意書きを読んだ。つぎの乗客もおそらく、電車に揺られ、おなじ手すりをしっかりと握りながら注意書きを読むだろう。

二〇一四年の秋に訪れた宿泊施設にあるすべてのスリッパには、土踏まずのあたりに「抗菌」の文字が印字されていた。わたしが足をすべりこませてそのスリッパを履くと「抗菌」の文字が隠れた。履かれていない多くのスリッパにだけ「抗菌」の文字が見えた。

バイ菌を除去すればするほど、ヒトは抵抗力がなくなり、はねかえすことのできていた細菌にさえ反応を示す可能性がある。身のまわりの微生物がバイ菌になっていくかもしれない。

抵抗が困難なら、宇宙服を改良して着用すればよい。なににも触れない。汚されない。また逆にじぶんのにおいがまわりに迷惑をかけることもない。ひとりにひとつだけの空間。

しかし、ヒトは、この世に生まれ出て以降、口、鼻、胃、腸、皮膚などの体内に、自身の細胞の数以上の細菌をすまわせていく。ヒトの身体は、細菌なしでは生きていくことが困難である。除菌された入れ歯を装着すれば、口にすみついている細菌が入れ歯にからみついているはずだ。

近年の研究で、ヒトの体内にすむ微生物群「マイクロバイオーム」が注目されている。たとえば、胃腸にすむ細菌が、ヒトの心身の状態を左右する可能性があるという。将来、細菌のかたよりを調整すれば、アレルギーなどの病気の症状をやわらげることができるかもしれないらしい。

そろそろ行き過ぎる除菌はやめにしておいたほうがいい。現代の人びとを困らせているバイ菌たちこそが、わたしたちを救ってくれるきっかけになるかもしれないのだから。

（川井ゆう）

小野芳朗『〈清潔〉の近代』講談社　一九九七

食　育——基本は家庭の食卓にあり

各地で食関連団体や食品会社による食育イベントが多数開催されている。従来の料理講習会と変わらないものもあるが、食育という使い勝手のいいキーワードは多用されている。それだけに「食育」は、昨今の造語のようにみえるが、初出は一八九六年、石塚左玄の『化学的食養長寿論』とされる。これを読んで共感した作家の村井弦斎が一九〇三年から『報知新聞』に連載した「食道楽」によって、一般化した（黒岩比佐子『食育のススメ』文藝春秋 二〇〇七）。「今の世は頻りに体育論と智育論との争いがあるけれどもそれは程と加減によるので、智育と体育と徳育の三つは蛋白質と脂肪と澱粉のように程や加減を測って配合しなければならん。しかし先ず智育よりも体育よりも一番大切な食育の事を研究しないのは迂闊の至りだ」（『食道楽』第二百五十二 食育論）。『食道楽』は小説なので、設定や登場人物の個性も含めて表現がユニークであり、毎日の掲載を楽しみにする読者も多かった。しかも内容は科学的で、現代にも通用する医学、栄養学の知見はもとより、調理法やメニューの多様性においても古さを感じさせない。この小説が流布した時代こそ、日本人に健全な食育が浸透していたといえるかもしれない。

代々漢方医の家に生まれた石塚左玄によって「食養、食育」論が提唱された背景には、白米によるビタミンB_1欠乏症による脚気の流行があった。日本の歴史において、食生活は米を基本に成り立っている。精米することで、玄米がもつ優秀な栄養価は削ぎ落とされる。が、味、香り、食感いずれにおいても、玄米にくらべると白米は圧倒的に美味しい。美味しさを求めると精米の度合いは高まる。軍隊の食事は白米供給が進み、兵士たちの脚気が問題となったことに対して、栄養学の分野でも研究が進んだ。玄米にもどれない人びとに、五分搗き、七分搗きを奨励する動きは戦後まで続く。左玄は、臼歯などの数から人類を「穀物動物」であるとし、玄米食を第一に「身土不二、陰陽調和、一物全体」の三本柱で食育を論じた。動物食を避け、植物食に限ったこの左玄の主張をかたちにした桜沢如一の「マクロビオティック」は、海外にも広まる。

戦後から高度経済成長期にかけて、日本の食生活は大きく変化した。アメリカ由来の食材や食習慣が浸透し、カロリー過多の栄養的にアンバランスな食生活に突入、成人病が増え、肥満への警鐘が鳴らされた。また生活スタイルの変化から、孤食、個食が増えるなか、家族の健康を意識した手作りの機会も減り、子どもたちにとって学校給食の重要性が高まっていく。「食道楽」連載から一〇〇年あまり、飽食の時代を迎え、外食や中食など、いつでもどこでも手軽に飲食ができ、幼い頃から「ダイエット」を意識する社会。一方、これまで考えられなかったような食材アレルギー問題も深刻という。

このような背景から、二〇〇五年に施行された食育基本法の前文は「子どもたちが豊かな人間性をはぐくみ、生きる力を身に付けていくためには、何よりも「食」が重要である。今、改めて、食育を、生きる上での基本であって、知育、徳育及び体育の基礎となるべきものと位置付けるとともに、様々な経験を通じて「食」に関する知識と「食」を選択する力を習得し、健全な食生活を実践することができる人間を育てる食育を推進することが求められている。もとより、食育はあらゆる世代の国民に必要なものであるが、子どもたちに対する食育は、心身の成長及び人格の形成に大きな影響を及ぼし、生涯にわたって健全な心と身体を培い豊かな人間性をはぐくんでいく基礎となるものである」と、一〇〇年前の小説を引用するかたちで制定された。

食育基本法の影響は大きく、国家予算を活用した産業、教育、医療などの現場では食育を冠した動きが進んだ。同時に食育ビジネスが時流となり、限界にきていた栄養学関連から食育関連事業に切り替えてリニューアルをはかる団体も増えた。各地では小さな食育事業も活発だ。たとえば「岐阜県創作粉もんグランプリ」は二〇一五年で六回目となる。地元の高校生が応募し、入選者による最終選考では調理、盛りつけの審査があり、年々確実にレベルが上がっている。家庭での調理はもはや母親だけの仕事ではない。年齢に関係なく厨房男子は増加している。

二〇一三年一二月四日、和食がユネスコ無形文化遺産に登録された。SUSHIをきっかけに日本の食文化への関心は高まっている。和食を特徴づける「だし」。江戸時代中期、北前船が大坂に大量に昆布を運んできたことで、昆布をベースに節《ふし》類や煮干を合わせた「だし文化」が花開き、京や江戸に拡散していった。今ではごく当たり前の食べ方である、おだしたっぷりのかけうどん、かけそばが生まれたのもこの時期である。日本コナモン協会が主催する「だしツッコミ！会議」では、乳幼児から小学生、または親子を対象にだしの微妙な味わいを体感してもらうプログラムを組んでいる。水の硬度のちがいによる昆布だしの濃さのちがいや、だしの利いたお好み焼きと利いてないお好み焼きの食べ比べなど、子どもたちはどこまで自分の舌で認識できるのか、試食しながら、大阪の食文化を紹介した双六で学ぶ。実は、子どもの舌の感覚は敏感で、乳幼児でもだしの美味しさがわかる。親たちも子どもの食いつきがちがうと驚く。小学生も微妙なだしの味わいに興味を示し、

「美味しいのは、だしが利いているからなんや〜」と目を輝かせる。

だが食育をめぐるとりくみは、けっして十分とはいえない。学校での食育の欠陥を民間の活動が補っているとはいえ、一日三回の基本的な食事は、子どもの心とからだを育成する素地であり、食育の基本が家庭にあると考える人は多い。が、家ごとに抱える事情や親の食に対する意識にも格差がある。現代社会では、期待される家庭での食育さえ困難になっている。

それでも、家族との共食や、自分の好きな食材、メニュー、味付けに対して、もっと貪欲になってほしい。食べることの喜びは、ともに暮らす大人が子どもに伝える最も重要なことではないだろうか。食べることは食材の命をいただくこと。「いただきます、ごちそうさま」、残さず食べることの意味を伝えたい。栄養についての基礎的な知識は必要だが、頭でっかちにならないよう。挙げればきりがないが、発酵食品の強烈な匂いや渋柿の渋み、魚介類のぬめりなど、できるだけ多くの自然界のナマの感触を体感させてあげることも必要だ。

食べるということは、味覚はもちろん、視覚、聴覚、嗅覚、触覚、五感を総動員させて味わうことである。大上段にふりかざすのではなく、日々の小さな積み重ねとして、食卓を囲むところから食育を見つめ直していきたいものだ。


（熊谷真菜）

村井弦斎『食道楽』岩波書店 二〇〇五
現代風俗研究会編『脳内グルメ』リブロポート 一九九六
現代風俗研究会編『野菜万歳』新宿書房 二〇〇八

食材偽装──不可避の「被害妄想」

食品をめぐって「偽装」の文字が使われるようになったのは、二〇〇二年に発覚した牛肉偽装事件以降のことである。これは、ＢＳＥ問題対策の一環としての、国産牛肉の買い取り事業を悪用して、雪印など複数の食肉卸売り業者が、輸入牛肉を国産牛肉と偽って補助金を詐取した事件であったが、これ以降、食品関連業者による詐欺的意図をもつ情報の書き換え（産地、賞味期限、品質表示、メニュー表示など）には、決まって「偽装」というコトバが用いられるようになる。二〇〇七年には、食品の「偽装」をめぐる象徴的な出来事が続けざまに起こる。ミートホープによる牛肉ミンチの品質表示偽装問題（豚肉や鶏肉を混入した挽肉の販売）、不二家による期限切れ原材料使用問題、石屋製菓による「白い恋人」の賞味期限偽装問題、そして船場吉兆による賞味期限偽装と産地偽装および食品使い回しの問題である。このように「偽装」の嵐が吹き荒れた二〇〇七年だが、年末に発表される「今年の漢字」には、まさに「偽」が選ばれている。

しかし私たちの「偽装」への意識にインパクトを与えた契機としては、その二年前の二〇〇五年に発覚した、耐震偽装事件を忘れるわけにはいかない。一級建築士により構造計算書が偽造されることで、分譲マンションやホテルなど、建築基準法で定める耐震基準よりも強度が低い建造物が多数あることが発覚し、大きな社会問題となった。二〇〇〇年代半ばの耐震偽装事件と一連の食品偽装事件を契機に、見た目には問題がないようにみえる食品や建物が、じつは「偽装」であり、内容が表記と異なっていたり、実質的には問題のあるものが、あたかも問題がないかのように流通しているのではないか、という警戒心を私たちは抱くようになった。二〇一三年には、有名ホテルや百貨店で、表記とは異なる食材を用いていたメニュー虚偽表示が問題になったが、この場合にも「偽装」の文字があてられ、「メニュー偽装問題」として報道された。

だがそれにしても、なぜ「偽装」なのだろうか。たとえば英語では、同様の問題に food fraud（食品詐欺）や false labeling（不当表示）、menu misrepresentation（メニューの不実表示）という表現が用いられる。詐欺や虚偽という「騙す意図」のほうに強調点が置かれ、とくに「偽装」のように、「見せかける」「装う」「覆い隠す」というニュアンスは強くはない。それにたいし「偽装」の場合、もちろん「騙す意図」という意味合いもあるが、むしろ強調点は「見破りがたいような見せかけ」というポイントに置かれているように思われる。

じっさい食品業者が製造過程で表示を差し替えたり、建築士が構造計算書の数値を書き換えたりするとき、消費者の側は、そうした虚偽を見抜くすべがまったくない。発覚にいたるには、内部告発や業者の自主調査、別の専門機関による調査などが必要であり、素人が手を出せる隙はない。「偽装」というコトバはこのように、私たちにとって不可視の、専門的なプロセスのなかで生じる詐欺や虚偽にたいして、その「見破りがたさ」を強く意識したコトバとして、広く流通しているように思われる。「騙される」ことよりも、それが「見えない」ことの脅威と不安に、私たちは敏感に反応しているのではないだろうか。

誰が誰を騙すのか――この点が、「偽装」というコトバの意味論を考えるうえで重要になる。偽装というコトバは、従来、どのような用法で使われてきたか。新聞記事データベースを調べてみると、偽装というワードが見出しで用いられる用例としては、二〇〇〇年代以前には、「偽装結婚」「偽装事故」「偽装殺人」などの使われ方が多い。これらは、何らかの悪巧みを成就させるための、見せかけである。このとき、騙す側は、悪意のある犯人（個人やグループ）だとして、騙されるのは、警察であったり、行政であったり、保険会社であったりする。つまり、特定の悪意をもった犯人に、専門的業務のシステムが騙されるわけで、その事件が事件として報道されるとき、一般の読者や視聴者の側としては、自分の身に降りかかる何かというよりも、ひとりの傍観者として偽装という事態を眺めることになる。そのとき偽装は一種の鑑賞の対象となり、うまく偽装したものだ、とか、よくぞ偽装を見破ったものだ、という呑気な感想が抱かれたりする。

だが「偽装」というコトバは、あるとき、私たち自身が騙されてしまうかもしれないという、身につまされるリスクの問題と絡んで浮上することになる。きっかけは、牛肉偽装事件である。それ以降、従来は気にもとめずに、なかば自動的に信頼していたスーパーに並ぶ牛肉パックの表示が、偽装かもしれないというリスクに、私たちはとらわれるようになった。

このとき、偽装を仕掛ける側に立つのは、専門的業務のシステムそのものである。私たちには不可視な、工場や事務所、流通・小売りネットワークのうちに、偽装の可能性が混在する。偽装の主体はシステムであり、偽装のターゲット＝対象は不特定の、匿名の私たち一般である。不透明なシステムに取り巻かれ、どこにリスクが潜んでいるかわからないと同時に、私たちの日々の何気ない行動はいちいちリスクをともなう選択になっていて、その選択如何によってリスクが具体的な被害となり、いつ私たちに降りかかってくるか予想がつかない――そのような状況に私たちは放り込まれてしまう。

とすれば「偽装」とは、専門家システムが全面化し、不透明性をまとった結果、リスク化が進行した社会状況のもとで、私たちが構造的に抱かざるをえない、ある種の「被害妄想」にぴったりと対応するコトバなのではないだろうか。その「被害妄想」は、正確なリスク計算が原理的に不可能であるのと同じぶんだけ、健全であるのか病的であるのか、その線引きが曖昧となる。

そう考えると、二〇一三年に話題となった、ホテルや百貨店のメニュー偽装問題は、グルメ嗜好にかかわるブランドの偽装であるという点で、直接的に食の安全性にかかわるものでもなく、「騙すなんてひどい」「ホテルは信頼してたのに」という声があがりはするものの、どこか牧歌的な話題ではある。食肉加工工場や流通ネットワークといった、不可視のシステムの次元で生じる偽装ではなく、個別の店舗単位で生じる偽装は、私たちにとって「わかりやすい」不正であり、そのわかりやすさのぶん、口先では非難しながらも、私たちはどこか安心できる。

――と、こんなことを考えていると、もしかすると、わかりやすい「偽装」は、それ自体が別の問題を「偽装」した「偽装の偽装」ではないかという疑念にとらわれてしまったりする。リスク社会を生きる私たちは、こうした「偽装」をめぐる果てしもない妄想と、うまくつき合っていくほかはないのかもしれない。

（近森高明）

「特集　偽装の時代」『現代思想』（三五巻一四号）青土社　二〇〇七

中村啓一『食品偽装との闘い――ミスターＪＡＳ一〇年の告白』文芸社　二〇一二

新型うつ——深まる承認不安の果て

近年、新型うつと呼ばれる新しいタイプの心の病が日本で広がっている。もっとも、新型うつとは通称で、医学上の正式な病名ではない。そのため、罹患者数を示す正確な統計はない。しかし、厚生労働省の統計によれば、うつ病や躁うつ病などの気分障害を患った日本人は、一九九九年には約四四万人だったのに対して、二〇〇八年には約一〇四万人へと、二・四倍の伸びを示している。そして、医療関係者の実感では、この増加分のほとんどが新型うつに該当するという。

新型うつには、非定型うつ病、双極性障害Ⅱ型、逃避型うつ病、未熟型うつ病、気分反応性うつ病、ディスチミア親和型うつ病、適応障害などが含まれるとされるが、従来型うつにはみられない特徴がある。従来型の多くが四〇歳代から五〇歳代にかけて発症するのに対し、新型の場合は二〇歳代から三〇歳代に多い。また、従来型では抑うつ状態が恒常的に続いて日常生活に支障をきたしやすいが、新型の場合には気分の変動が激しいものの日常生活には支障のないことも多い。さらに、従来型の患者は自分を責めやすいが、新型の患者は他者を責めることが頻繁である。

これらの違いから、新型うつは、医学的にはうつ病とは異なる精神疾患と考える医療関係者も多い。なかにはPTSDの一種とみなす医学的見解もあり、トラウマを生じさせた記憶の想起を抑制する薬が、この病の治療にも有効という医療現場からの報告もある。いずれにせよ、従来型にはみられない症状から、周囲の人びともトラブルに巻き込まれやすいのが特徴である。

新型うつを発症するきっかけは、職場での人間関係の躓きであることが多い。仕事上のミスを上司から叱責されたり、企画案が上司に否定されたりといったことで発症するケースが目立つ。傍目には些細なことにみえても、当人はプライドを深く傷つけられたと感じ、職場の上司を非難・攻撃する言葉をソーシャルネットワーキングサービスでさかんにつぶやいたりする。

ただし、自分を不快な目に遭わせた職場や上司から離れ、その記憶が薄れると、とたんに症状が消えてしまうことも多い。そのため、うつ罹患を理由に会社を休職したものの、その期間中に海外旅行に出かけたり、趣味の活動に精を出したりと、充実したプライベートライフを送る者もいる。周囲の人びとには「詐病ではないのか」との疑念が生じ、その不可解な行動に当惑する。

しかし、休職によって症状が寛解したために復職しても、発症の契機となった職場に戻り、上司に再び接すると、フラッシュバックを起こしてたちまち再発することも多い。そのため、社内では配置転換したり、場合によっては転職させたりするなど、従来からの環境を変えないかぎり完治は困難とされる。従来型より症状は軽いようにみえても、その治癒は従来型より難しい。

多くの医療関係者によると、わが国で新型うつが急増しはじめたのは二〇〇〇年を越えた辺りからである。しかし、世紀が変わったことを契機に、人間の生物学的な素因が急激に変化したなどということはありえないだろう。とすれば、この現象の裏には、おそらく社会状況の変化という要因があるに違いない。では、この頃の日本にいったい何が起きていたのだろうか。

統計数理研究所の「日本人の国民性調査」によると、一九七〇年代以降、正しいと思えば信念を押し通すという日本人は減少している。その背景にあるのは、おそらく社会の成熟化とともに進んできた価値観の多様化だろう。事実、ＮＨＫ放送文化研究所が実施している「日本人の意識調査」によると、一九七〇年代以降の日本では、伝統指向から伝統離脱へと人びとの意識が大きく変化している。従来のしきたりに囚われず、自由な価値観を持つ日本人が増えたのである。

かつての日本人が現在よりも信念を抱きやすかったのは、その根拠が自身のたんなる思い込みにあったわけではなく、社会的な評価と突きあわされることで客観性が担保されていたからである。だから、それは時々の気分に左右されることなく安定した羅針盤となりえたのである。また、そこに判断の拠り所があった時代には、たとえ伝統的な共同体に強く縛られていたとしても、その反応を今ほど気にしつづけなくても済んでいた。人びとの評価にも一貫性があったからである。

しかし、やがて価値観が多様化してくると、自分がどんな選択をしても、そこに普遍的な根拠を見出すことは難しくなる。さまざまな選択肢が横並びになると、別の選択肢の可能性がいつまでも意識のなかに残り、いまの自分の選択が絶対に正しいとは思えなくなるのである。このとき人びとは、周囲にいる他者の評価にすがることで、自らの選択の安定性と客観性を確保しようとする。自らの判断が妥当であったことの根拠を、他者からの承認に求めざるをえなくなるのである。

ところが厄介なことに、価値観の多様化の進展は、周囲の他者の評価から、その一貫性も奪ってしまった。今日では、それぞれの集団が独自の評価基準を持ち、それらを横断しうる普遍的な基準は成立しにくい。ある集団で価値を認められても、その評価はその内部でしか通じえず、別の集団に移ったとたんに否定されかねない。善悪の基準も相手次第で紙一重になったのである。

こうして現代の日本人は、周囲の反応に対して、かつて以上に右往左往するようになった。そのため、不安定さに由来する疲弊感が臨界点に達すると、人びとの意識に今度はバックラッシュがみられるようになる。それまでのように伝統的な枠組みから解放され、自由を得ることを願うのではなく、むしろそこに安定した拠り所を求め、再び包摂されることを願うようになるのである。

「日本人の意識調査」によると、伝統指向から伝統離脱へと推移してきた人びとの意識も、二〇〇〇年を越えた頃から反転をみせはじめる。また、それと呼応するかのように、「日本人の国民性調査」でも、世のしきたりに従って行動するという日本人が急激に増えはじめる。この傾向は、価値観の多様化の波を真正面から被ってきた若者の世代において、とりわけ顕著である。

ところが現実には、包摂されることを願う共同体も、それを支える安定した基盤も、この社会から失われて久しい。絶対的な拠り所を強く求めつつも、それが叶わず宙に浮いた承認願望は、身近にいる他者からさらに確実な評価を得ることで、その乖離を埋め合わせようとする。こうして承認願望がさらに煽られ、それを得られないかもしれない不安も募っていく。

身近な他者から承認を得つづけることへの飽くなき願望は、それが叶わなかった場合には大きな敗北感と挫折感をもたらし、それが強い抑うつ状態をまねく。自分の行動を少しでも批判されると、自分のすべてが否定されたかのように感じて過度に落ち込んだり、あるいはその相手を過度に攻撃したりするようになる。このように、現在の日本に広がる新型うつは、私たちの承認願望の強さと、その裏返しである承認不安の深さの表れととらえることもできるのである。

（土井隆義）

香山リカ『仕事中だけ「うつ病」になる人たち』講談社 二〇〇七
斎藤環『「社会的うつ病」の治し方』新潮選書 二〇一一

シンドローム——メッセージ化する疾患概念

シンドローム（症候群）とは、ある病的状態において、同時に生じる症候の集まりに名前をつけたものである。通常の疾病の場合、原因と症状が一対一で対応しており、ある種のわかりやすさがあるが、シンドロームの場合には、原因が不明であったり、複数であったり、症状の現れ方が不均一であったりして、曖昧さがつきまとう。またシンドロームというとらえ方をすると、どこからが病気でどこからが健康なのか、という境界線も曖昧になる。シンドロームは、このように二重の曖昧さをもつのだが、しかしむしろ、曖昧な状態にあえて名前をつける、という操作が、シンドロームという考え方のポイントだといえる。つまり、原因と症状がはっきり対応した独立の疾病とは明示しにくいが、ひとまとまりの病的状態として名づけることで扱いやすくする、というプラクティカルな要請が、シンドロームというコトバを生み出している。

扱いやすくする、ということには、これまで問題とされていなかった状態を、問題として切り出し、「これは病気だ」「治療すべき対象だ」というかたちで、人びとの認知を変えるという、啓発的な働きも含まれる。たとえば、睡眠時無呼吸症候群や慢性疲労症候群という呼び方は、それまで病気とみなされていなかった症状の集まりを、病的状態として名づけてみせることで、「夫が悩んでいるのは、睡眠時無呼吸症候群かもしれない」「あの人がいつも疲れていると訴えるのは、やる気の問題ではなく病気のせいなのだ」という認知の転換を生み出す。エコノミークラス症候群やシックハウス症候群も同様であり、これらのコトバが流布することで、「同じ姿勢で座り続けるとよくない」「新築の家には気をつける必要がある」といった認知が定着する。

医学上の概念とは別に、一般的な表現としても「シンドローム」「症候群」は用いられる。この場合、名づけが容易にできる便利さから、何でも「〇〇シンドローム」「〇〇症候群」と呼び、あえて軽く病気扱いをしてみせる揶揄的な用法となる。たとえば「ピーターパンシンドローム」は、大人になっても子どもっぽい心性をもつ男性を、やや病的なものとして名指すコトバである。また「サザエさんシンドローム」は、アニメが日曜の夕方に放映されることから、その時間帯になると休日の終わりが実感され、憂鬱さを感じてしまうという、誰もが共感しうる「症状」を、あえて病名のように名づけたコトバである。これを「ピーターパン病」「サザエさん病」と名指ししてしまうと、いかにも重たく、深刻に聞こえてしまうが、「シンドローム」「症候群」と呼ぶことで、その重さは消えて、軽く揶揄するニュアンスがうまく生かされる。

シンドロームというコトバが身近になったのは、何といっても、メタボリックシンドロームという概念が、二〇〇〇年代半ば以降、広範に喧伝され、社会に浸透するようになってからである。メタボリックシンドロームとは、内臓脂肪の過剰な蓄積を共通の要因として、高血糖、高血圧、脂質異常が引き起こされる状態を指す。食べ過ぎや運動不足など、負の生活習慣の積み重ねに由来するものであり、それら生活習慣の改善によって予防や改善が可能だとされる。二〇〇八年には健康保険法の改正によってメタボ検診が義務化され、メタボリックシンドローム（ないし予備軍）と診断されると、保健師や管理栄養士による保健指導を受けることが義務づけられた。メタボリックシンドローム（メタボ）は流行語となり、「メタボ腹」「メタボ親父」などの派生語を生み出して、二〇〇六年度の「新語・流行語大賞」ではトップテン入りを果たしている。

シンドロームはこの時点で、リスクの問題と結びつけられる。病気を誘発するリスクが高まっている状態が、それ自体、病的な状態としてとらえられている。メタボであるという診断は、診断というよりも宣告であり、啓発と教化のメッセージにほかならない。病気を引き起こすリスクの高い状態にあることを自覚せよ、自身の生活習慣を改善せよ、というメッセージである。それは同時に個人を、自己責任の主体に位置づける命令でもある。病気リスクの高い状態にあるのは、当人の日常的な一つひとつの選択（何を食べるか、運動をするか否か）の積み重ねの帰結である、という告知を介して、リスク・マネジメントの主体であることを引き受けよ、という命令を発しているのである。ここでシンドロームは、医学的概念というよりも、個々人の健康状態を対象とした、自己マネジメントの主体形成ツールとなっている。

メタボリックシンドロームの「成功事例」を受けて、ロコモティブシンドロームという概念が二〇〇七年に提唱される。それは骨や関節、筋肉など、運動器に障害が起こり、歩行や日常生活に障害をきたしている状態を指すもので、悪化すると、要介護のリスクが高まるとされる。ロコモにおいても狙われているのは、足腰を若いうちから鍛え、高齢に達したときに要介護となるリスクを減らそうとする、リスク管理に敏感な主体の形成である。ただしメタボの場合、医学概念という要素と、啓発と教化のメッセージという要素が入り混じっており、カムフラージュとしての医学的装いという面があったのだが、ロコモの場合にはカムフラージュ抜きで、直接的にメッセージ性を打ち出している点が興味深い。日本臨床整形外科学会のホームページには、こう書かれている。「ロコモ」の提唱には、「人間は運動器に支えられて生きている。運動器の健康には、医学的評価と対策が重要であるということを日々意識してほしい」というメッセージが込められています」。啓発のために、作為的につくられた概念であることを、ロコモは隠そうとはしない。診断と治療にかかわる有用性という医学的理由ではなく、社会へのメッセージとして構築されたという背景事情が、むしろ誇らしげに語られているのである。

シンドロームはこうして、私たちが「かかる」ものから、私たちを健康状態をめぐるリスク・マネジメントという問題設定に「とりこむ」道具立てへと変貌する。リスクという確率論的な地平のもとで、病気と健康の境目はシームレスになり、シンドロームというマイルドな脅しのもとに、絶えざる自己チェックと予防措置が求められる。メタボ、ロコモに続くあらたなシンドロームが、そのうち発明されても不思議ではない。どちらを向いてもシンドロームだらけのなかで、私たちは恒常的に、多重的なリスク管理を強いられることになりかねない。とするなら、何でも「シンドローム」と名づけ、私たちを自己配慮的な主体に仕立てあげようとする社会的動向、いうなれば、社会に蔓延する「シンドローム症候群」を適度にやりすごしてゆく術を、私たちは身につける必要があるだろう。

（近森高明）

ウルリヒ・ベック（東廉・伊藤美登里訳）『危険社会』法政大学出版局　一九八八
黒田浩一郎編『現代医療の社会学——日本の現状と課題』世界思想社　一九九五

認認介護――大介護時代に

「認認介護」とは、認知症の人が認知症の家族を介護する状態をいう。高齢者を老いた家族が介護する「老老介護」が、さらに高齢化して次のステージに移ったのが認認介護だ。超高齢社会である日本は、世界に先駆けて認知症社会になるといわれている。二〇一五年一月の厚生労働省発表によると、六五歳以上の認知症の人は二〇一二年の時点で四六二万人。団塊世代が後期高齢者になる二〇二五年には約七〇〇万人となり、六五歳以上の五人に一人が認知症になると予測されている。

認知症とは、脳細胞が壊れたり働きが悪くなって記憶や判断などの認知機能が低下し生活に支障をきたす状態をいう。「中核症状」と呼ばれる記憶障害や時間や場所がわからなくなる見当識障害などが起こり、これらの症状による不安や孤立感のなか、周囲の対応や環境変化などから、暴力や徘徊などの行動症状や物盗られ妄想などの心理症状といった「周辺症状」が出てくる。大きくアルツハイマー型、レビー小体型、脳血管性、前頭側頭型に分けられ、原因も症状の現れ方も違う。

「認知症介護」が社会現象として初めて注目されたのは一九七二年、二〇〇万部のベストセラーとなった有吉佐和子の小説『恍惚の人』（新潮社）からだ。有吉は日本の人口の老齢化が急速に進んでいる事実と高齢者対策が不十分な現実を問題提起したのだが、テレビドラマ化や映画化（豊田四郎監督）もされ、徘徊、弄便などの描写が強烈な印象を残した結果、痴呆症は人格崩壊する怖い病気という認識のほうが根づいてしまい、家族がその存在を周囲に隠すようになってしまった。

「痴呆症」に替わって「認知症」というコトバが生まれたのは二〇〇四年。厚生労働省は、「痴呆」というコトバには侮蔑的な意味が含まれ、症状に対しても誤解や偏見をまねくと、「「痴呆」に替わる用語に関する検討会」を立ち上げた。そして「認知障害」「記憶障害」「アルツハイマー症」「もの忘れ症」「記憶症」という候補のなかから選ばれたのが「認知症」だった。コトバの波及力は大きくて、みるみる浸透していった。一九八〇年設立以来、認知症の家族を抱える人びとの心の支えとなってきた「呆け老人をかかえる家族の会」も「認知症の人と家族の会」と名称を変えた。「認知症患者」も、「認知症の人」というソフトな言い方が広まっている。

「認認介護」というコトバが一般に広く浸透したのは、二〇〇九年三月三日に放送されたNHKクローズアップ現代『なぜ死なせてしまったか～認認介護の現場で』からだろう。認知症を患った夫を妻が介護しているうちに、妻もやがて認知症が進行していき、ある日おむつ交換を嫌がる夫を叩き続けて死に至らしめた事件を取り上げたものだ。夫婦は介護保険サービスを利用しており、デイサービスにも通い、かかりつけ医もいたが、それぞれの連携がなかったことから妻の認知症の急な進行が見逃されてしまったのだという。在宅医療の第一人者、川崎幸クリニックの杉山孝博医師はコラムのなかで（「公益社団法人　認知症の人と家族の会」HPコラム）、八〇歳以上の夫婦の一一組に一組が「認認介護所帯」の状況にあると述べている。さらにその数は増えていくだろう。

「介護」というコトバがクローズアップされてきたのは比較的新しい。長年高齢者の地域医療に携わった岡本祐三（国際高齢者医療研究所岡本クリニック院長）によると、寿命が飛躍的に延びた近年になって高齢者介護が一気に社会問題となったという。一九八〇年代より寝たきり老人が問題化。

家族神話のもと、嫁が中心となっての介護が当然のようにみなされ、過酷な介護負担を担わされてきた女性たちの介護地獄が続いた。核家族への変化のなか、老夫婦だけの老老介護も目立ち始め、介護を家族任せにせず、社会で取り組もうと介護保険制度が二〇〇〇年にスタートする。

そして現在、樋口恵子がいう「人生百年時代」の訪れはそのまま「大介護時代」の到来でもあった（『大介護時代を生きる』中央法規 二〇一二）。家族構成は激変し、樋口は「介護嫁はもはや絶滅危惧種」という。長く続く介護により、介護離婚、介護離職、介護破産、介護うつ、介護疲れ殺人と長寿を単純に喜べない現実も露わになってきた。一人っ子同士の結婚による同時多発介護や、経済的な問題で働き手の親に代わって、子どもが進学などを諦めて祖父母の介護をする若年介護も深刻な問題となっている。国は介護保険財政の膨張を抑えるため施設から在宅介護への移行を進めているが、二〇一五年五月に発表された厚生労働省研究班による認知症に関する社会負担の内訳からみても、介護のために職を辞める損失など家族の負担を含めた在宅介護のほうが施設介護よりコストがかかっている。在宅介護の限界を国が早く見極めないと不幸な事態が連鎖してしまう。

認知症ケアについてはさまざまに取り組みが進んできた。二〇一三年に出た岡野雄一による自伝的漫画エッセイ『ペコロスの母に会いに行く』は、『恍惚の人』の「人が人でなくなる」というイメージから認知症を解き放ち、違う視点を与えてくれる。過去と現在を自由に行き来する認知症の人の世界を温かくシュールに描き、認知症に対する多くの人の心象を変えることに貢献したと思う。この視点は、一九八六年、羽田澄子脚本監督によるドキュメンタリー映画『痴呆性老人の世界』でも描かれていた。まだあまり知られていなかった認知症の実態と介護のあり方をとらえ、認知症のお年寄りのもつ豊かな世界とケアの大切さに目を開かされた人びとも多かった。

認知症ケアの本質は、記憶障害などが進む一方で感情やプライドは保たれるため、その人の人生とプライドを尊重して接することに尽きるかもしれない。上田諭の『不幸な認知症　幸せな認知症』は認知症の人にどう向き合えばいいのか、「指摘しない、議論しない、怒らない」といった具体的な心構えなどが書かれ、気持ちが楽になる本だと思う。

「認知症カフェ」も生まれ、認知症の人とその家族を支える新しい心のよりどころとなっている。「認知症の人と家族の会」などが中心となり当事者とその家族、地域の人、医療や介護の専門職の人たちが集う。専門家に助言も情報ももらうことができ、介護家族同士の情報交換もできて安らげる。認知症の人への理解を深める日本独自の「認知症サポーター制度」とともに注目すべき試みだ。

認知症に対する国家的戦略として、二〇一五年一月、認知症の人が自分らしく暮らしを続けることができる社会の実現を目指す「新オレンジプラン」が発表された。一人暮らしの認知症の高齢者も増えている。地域での見守りも必要だが、経済的に苦しい人たちのために低価格で入居できるグループホームを空家などを利用して造る提案など、介護人材の確保ともども知恵を集めたい。

認知症の人とともに生きる優しい社会は、すべての人が尊重される社会でもある。認知症が進んだ人に責任を求めることはできない。それでも彼らと共生できる社会を構築できるなら、自己責任論などで切り捨ててきた弱者への視線も変わっていくだろう。


（中島久美子）

上田諭『不幸な認知症　幸せな認知症』マガジンハウス　二〇一四
岡野雄一『ペコロスの母に会いに行く』西日本新聞社　二〇一二

ミシュラン――万国総グルメの味覚社会

「ミシュラン掲載店にお好み焼き店が入った場合、入らなかった場合、どちらの場合でも対応できるように、コメントを二種類いただきたいのですが……」。二〇〇七年秋、新聞記者からの電話で、『MICHELIN GUIDE 東京 ２００８』が発行されることを知った。

通称「ミシュラン」は、世界に先駆けてラジアルタイヤを販売したフランスのタイヤ会社が一九〇〇年のパリ万博から、自動車を所有する顧客にサービスで配布するために毎年発行したホテル・レストランガイドだ。馬車の時代、自動車を持てるのはかなりの上流階級なので、彼らが安心して宿泊できるホテルや車の修理工場など、当時は地方のさまざまな情報が中心だった。パリから足をのばして旅を楽しむガイドブックのため、初版本にはパリ情報の掲載がなく、飲食店の格付けが始まるのは地方が一九三一年、パリは一九三三年からという。

レストランの語源にかかわるのはフランス語の動詞「restaurer」であろう。『クラウン仏和辞典』（第六版）で確認すると、その意味として、１「修復する」、２「回復する、復活させる、復興する」、３「食事を供する、元気を回復させる」が示されている。レストランは、宿泊施設に付随する施設でもあり、世界最古のレストランだといわれるマドリッドのボティン（名物は子豚の丸焼き）も旅籠だったが、すでに宿泊機能はなく飲食店のみの経営だ。二〇〇七年の「ミシュラン東京版」も快適なホテルが二〇軒あまりに対し、レストランは一五〇軒となっている。欧米以外で初の刊行となった東京が、パリやニューヨークの星の数を一気に上回り世界最多となったのは、飲食店の母数が多いため、採録される店が多いのは正当な評価だという見解に加え、書籍販促のマーケティング的な意向が働いているのではないかとの指摘もあった。

いずれにしても現代の「ミシュラン」では、ホテル案内よりもレストラン紹介が中心となり、二〇〇五年にはニューヨーク版が登場、紹介コメントやカラー写真もはいるようになった。くわえて、ビブグルマン（星はつかないけれど、コストパフォーマンスの高い食事を提供する調査員オススメの店）という別格の項目も加わり、インテリアやしつらえの豪華さではなく、皿のうえだけを評価の対象に格付けしようとするなど、時代に合わせた変遷がうかがえる。一九八〇年代、多田道太郎（フランス文学者）が渡仏する際、チェックしていたのは文字だけの味気ない「ミシュラン」だった。インターネットがない時代、外部から出かける旅行者にとって美味しそうな写真がゼロでも、失敗しない店選びができる重宝なガイドだったにちがいない。四〇年近くミシュランガイドを愛読し、世界各地の星付きレストランを回る山本益博は、これほど活用できるガイドブックはないと賞賛、次はどこが3つ星をとるのか、そんな予想遊びさえ楽しみだ、と語る。

二〇一四年秋、日本で上映された『マダム・マロリーと魔法のスパイス』（原題：*The Hundred-Foot Journey*）は、星をとるために努力を惜しまないレストランオーナーが主人公だ。星を意識して成長した天才シェフが、パリの有名店に引き抜かれ、そこでも星を増やしたのち、自分を育ててくれた故郷の店に戻る。そのきっかけとなったのは、小さい頃から慣れ親しんだ味であり、都会のスターシェフとしてではなく、地元に根ざした生き方を選ぶところで終わっている。

料理人のなかにはテレビ出演も多く、スターのようにもてはやされている人もいるが、食の話題が新聞やテレビで四六時中紹介されるようになり、「食文化」という表現が登場してから、実はまだ三〇年しかたっていない。当時フレンチの世界では、日本の懐石料理をヒントにヌーベル・キュイジーヌが登場し、東京では「味はA級、でも値段はB級」のコンセプトから「B級グルメ」という名詞が生まれた。高度経済成長の流れからバブル時代に向かうなかで、一億総グルメで食べもの、とくに外食への関心が高まっていった。一方、家庭での基本的な食生活はより簡便化され、カロリー過多、BSE問題から、健康志向、食の安心安全、有機農法や地産地消に主要先進国が躍起になって取り組んだ。飲食店もこの社会状況に反応し料理人たちには話題性のある仕掛けが求められ、その結果、わかりやすい「格付け」や点数表示が流布することとなる。

一方、格付けとは別次元で、値段に見合った美味しさを提供する国として、スペインは名高い。が、ここにも格付けの影響が顕著だ。バスク地方のサンセバスティアンは、ピレネー山脈の麓、フランスとの国境に位置し、ビスケー湾の海の幸に恵まれ、観光都市として賑わうバルセロナから高速列車で五～六時間の小さな町だ。イギリスの月刊誌『レストラン』が毎年発表する「世界のベストレストラン」（The World's 50 Best Restaurants）の上位一〇店にこの町から二店もはいったことで、注目が高まった。新しい手法を盛り込んだヌエバ・コッシーナ（新スペイン料理）の動きは、観光ビジネスの成功事例として評価される。背景には地元のシェフたちが人気メニューのレシピを公開、共有し、情報交換のなかで互いに切磋琢磨し、美食の街として他のエリアが追随できないほどの優位性を高めたことにある。この流れは、調理を科学的に分析、発展させて、これまでになかったスタイルを編み出そうとする「分子美食学（molecular gastronomy）」を生み出した。
のちに天下の台所と呼ばれ、わが国を代表する食都大阪では、江戸末期『花の下影』という飲食店の案内本が描かれている。庶民であろう作者が評判を聞いて、出かけていっては食べ、筆を走らせたものだ。店の様子、客の表情など、描かれた一枚から多くを読みとることができ、店への愛着まで感じられる。画が中心で、具体的なコメントはなく、まして格付けはしていない。「何を食べるかではなく、誰と食べるかだ」ではないが味覚とは難しいもので、どんなに美味しいものも嫌いな人と一緒だとまずく感じてしまうように、そのときの体調や心理状態に大きく左右される。
観光資源を認知させる手段として、認定（お墨付き）や格付け（ランキング）は今後も世界規模で増加するだろう。たしかに、ネットに氾濫する店の点数表示はひとつの指標になるかもしれない。が、それ以上のものではないことは、実食した人が一番よくわかっているはず。いや、近年ではネットでの高評価が作為されたり、いわれなき中傷が書きこまれたりといったトラブルも少なくない。参考になるのは、ネットの書きこみではなく、一般利用者のナマの声、口コミだ。作り手が腕を磨くように、食べる私たちもまた、自分の味覚、感覚を磨き、その店、その土地ならではの個性、文化を発展させるための一助となるよう、高い意識で関わらなければならない、そんな時期にきているといえる。

（熊谷真菜）

山本益博『「３つ星ガイド」をガイドする』青春出版社　二〇〇七
高城剛『人口18万の街がなぜ美食世界一になれたのか』祥伝社　二〇一二

メンタル――コントロールされる心

かつては専門用語の翻訳であったはずの「メンタル」というカタカナ語は、現在では流行語というより身近な日常語として定着しつつある。それはつまり、「こころ」や「気持ち」といった日本に古くからある類義語だけでなく、「精神」や「心理」といった明治期に漢籍の語彙を転用して欧米の知識を翻訳した語句でさえ表現し難い現象がわれわれの日常になったことを示唆している。では、「こころ」や「精神」ではなく、「メンタル」でないと表現しにくい現象とは何か。それを知るには、このカタカナ語が日本語に登場した時点にさかのぼる必要があるだろう。その時点とは、日本にデモクラシーが普及し始めた大正時代のことである。

西暦でいえば一九二〇年前後、初めて士族ではない平民宰相が現れ、男性の普通選挙が行われようとしていた頃、学歴を積んで立身出世をめざす人口が急増し、受験競争は沸騰しつつあった。大学令を改正して私立大学の設置を認め、公立・私立の中等学校や商業学校を増設しても競争はおさまらず、名士の子息でも親の後を継ぐにふさわしい名門校に進学するのは難しくなった。そんな時代に欧米の最新の知識として「メンタルテスト」が登場した。

「メンタルテスト」とは、現代でいえば知能検査のことであるが、大正時代の中等教育の入試で加熱する受験競争を緩和するため、学科試験以外の方法で適性を測る手段として導入された。当時から「知能検査」というコトバはあったし、「精神検査」という別称もあったようだが、あえて

「メンタルテスト」と呼んだのは、その時点では知能しか測れなかったものの、将来的には感情をも測定して、学科試験よりも厳密な尺度で若者の適性を測り、進路を導く意思が込められていた。

しかしながら、人間の知のあり方に声を基盤にするものと文字を基盤にするものの違いがあることを指摘したウォルター・J・オングは、知能検査は中立の能力尺度などではなく、文字の文化に慣れ親しんだ人が高評価を得やすい偏った試験方法だと主張した。たとえば、知能検査によくある図形や図柄の仲間分け問題は、声の伝承で知を形成してきた人の実践的な分類法を軽視し、個々の実践の文脈を超えた観察者の視点からの分類法を評価する点で偏りがある。また、文章を読ませて、論理的に想定できる帰結（あるいは初期状態）を答えさせる問題でも、声の文化に属する人が好む頓智の飛躍を許さず、冷静な観察者の態度で唯一の正解を答える姿勢を評価するが、後者の姿勢は自宅に大量の書籍があり、幼少期からそれを一人で黙読してきた経験をもつ人（すなわち名士の子息）を優遇する傾向につながっている。そうした暗黙の機能をもつため、メンタルテストは大正期の教育行政の視点で、民主制下の治安維持を含めて魅力的な人材選抜手段に映ったことだろう。

このような背景から登場した「メンタル」という語は、その後しばらくして使用頻度が下がることになる。知能検査自体は、GHQの教育行政下で以前より活発に利用されたものの、それを「メンタルテスト」と呼ぶことは少なくなった。「メンタル」というカタカナ語が日本で再び人口に膾炙するのは、一九八〇年代のことである。「メンタル」を日常語に復活させたのは、大正期には困難と思われていた感情の測定を可能にする心理学の発達があってのことだった。

IQ（Intelligence Quotient）ではなく、EQ（Emotional IQ）が専門家に研究され始めたのは一九

七〇年代のことだが、管理社会のストレスに悩む先進諸国で、感情を数値化して操作できるというアイディアは歓呼をもって迎えられ、一〇年と待たずに「メンタル」は日本で流行語となった。もっとも、人間一般にとって自己管理の難しい感情を数値化し、操作できるようにするアイディアは、競技スポーツの世界ではEQなどというコトバが生まれるより前から検討され、試行錯誤が行われていた。日本でも一九六〇年代のオリンピック開催時に熱心な研究が行われたが、しかしそれは「あがり症」の対策などに限定され、人間心理の部分的な把握にとどまったものだった。

「メンタル」が流行語となり、さらに日常語として定着するには、「ストレス」という概念が普及する必要があった。ストレス説の興味深いところは、病因がなんであれ、身心に現れた症状からその治療法を考える点にある。免職だけでなく就職が、離婚だけでなく結婚が身心にストレスを与え、悪影響を及ぼすことがあるとすれば、その対策は原因を除去することではなく、因果論的ではなく相関論的にならざるをえない。ストレスマネジメントは、複数のパラメータの均衡を取ることで達成されるものであって、無条件に「悪」と判断できる「原因」を特定して除去する解決策は有効ではない。これが災いして、ストレス説は、個人の行為選択が、その善悪・巧拙にかかわらず、すべてが総合して身心の状態に現れるという再帰的な人生観の普及に貢献してしまった。その結果、「こころ」は個々の文脈から切り離され、数値尺度の束として実体化され、「メンタル」と呼ばれるようになった。

その後、「メンタル」はますます精緻に細分化され、有効とされる数値尺度の入れ替えがあり、操作性の向上が図られた。その発展でとくに注目されるのは、「心の物象化」に対する批判を乗り越えようとする努力である。心的能力を個人の持ち物のようにみなし、その能力が発揮される社会関係から切り離して考える姿勢は、心を物体視する誤り、すなわち「物象化」として批判されてきた。これに対して、心理学の側でも実際の社会関係の中で集団的かつ実践的に発揮される能力をとらえる試みが行われた。その成果の一端は、リーダーシップとフォローワーシップを対にして考える姿勢の変化や、先達から後進に対して行われる「コーチング」の技法の開発に現れている。

こうした「メンタル」研究の集団力学的かつ臨床的発展は、「心の物象化」批判を乗り越える工夫として評価はできるものの、「実践的」というコトバの理解において依然として問題を抱えている。「メンタル」を実際の関係性の中でとらえられたとしても、どういう状態を均衡状態ないし理想状態として設定するか、その最適解が見出せないのだ。もちろん心理学的には、あるいは精神医学的には理想とされる状態はあるが、その解が有効なのは、社会の隅々まで合理的に組織化された先進諸国だからではないか。さらにいえば、われわれの社会で正解とされる感情パラメータの均衡設定が有効なのは、他の解決策が芽のうちに摘み取られ、そもそも選べないからではないか。

イーサン・ウォッターズは、正常と異常の間を綱渡りする心の動きを、管理・抑圧するのではなく、見守り受け入れることで支える伝統文化の叡智が、「メンタルヘルス」の尺度を押しつけられ、解体していく事例を数多く紹介している。自己の内にあり、人間関係上も避けられない負の側面と共存する技法を、現代の高度な管理社会に抗して生かす智慧がいま求められている。（西山哲郎）

ハンス・セリエ（杉靖三郎ほか訳）『現代社会とストレス』法政大学出版局　一九八八

ウォルター・J・オング（桜井直文ほか訳）『声の文化と文字の文化』藤原書店　一九九一

イーサン・ウォッターズ（阿部宏美訳）『クレイジー・ライク・アメリカ』紀伊國屋書店　二〇一三

7

環境・災害

異常気象——季節を選ばない時候の挨拶

「異常気象」というコトバは、時候の挨拶のように使われている。ただし季節を選ばない。たとえば、タクシーに乗るとしよう。春なのに、寒く雪がちらついている。逆に暑い。真夏日になりそうだ。季節のイメージから外れる気象の体験。こういう場合、運転手さんと「異常気象」が時候の挨拶のように使われ、会話が進む。タクシーに限らない。あらゆる場で、同じような会話が成立するはずだ。私たちにとって、「異常気象」とは、そういう「コトバ」であり「概念」である。

もちろん正式の定義のようなものはある。試みに気象庁のホームページをチェックする。「よくある質問集」に「気候・異常気象について」という項目が見つかる。気象庁の定義は、「ある場所、ある時期において三〇年に一回以下で発生する現象」である、とわかる（二〇一五年一〇月二五日閲覧）。

ところで、二一世紀初頭の現時点で、私たちは、気象を扱っている研究者・科学者と、「異常気象」についての科学研究由来の図式を共有している。その図式は、こうなろうか。

①個々の「異常気象」は、大気中二酸化炭素の増加による「地球温暖化」と結びつき生じている。

②「地球温暖化」をすすめる二酸化炭素量の増加はおもに化石燃料の消費が原因である。

つまり、〈「異常気象」←「温暖化」←「二酸化炭素量増加」←「化石燃料消費」←「文明や経済の進展」〉と連鎖する図式だ。時候の挨拶として「異常気象」を語るときも、私たちは、この図式を暗黙のうちに仮定して、いろいろなことを話すのである。

この図式は、八〇年代終わりころにいまの形になった。しかし、歴史的にふり返ると、「異常気象」が「温暖化傾向」とはじめからつねに結びついていたわけではない。また、地球規模での大気現象の長期的変化と個々の「異常気象」が直結するわけでもなかった。

戦前の事例をみた場合、「異常気象」は、人びとやその生活に災害をもたらした気象現象を指していた。「異常気象」を表題とする一般書は、一九四四年に初めて出版されている。『異常気象覚書』である。そこには「異常気象」の定義はない。また、本文でも使われていない。一九三九年から四一年までに起きた「色々の気象的な災害」、具体的には「旱魃、豪雨、颱風、落雷、極寒、大雪」の報告解説書であった。「災害」にこそ重きがあったわけだ。

戦後になっても、二〇年近くは、「異常気象」というコトバが、特定の図式を前提とすることはなかった。日本放送協会編の『放送気象用語集』(一九五四)をみると、「異常気象」は次のような解説だ。「災害を起こす可能性のある気象現象を言う」。ここには戦前との断絶はみあたらない。

こうした状況が大きく変化し、「異常気象」やその背後にある大きな「気象の将来的傾向」が私たちの未来に大きな災いをもたらすという雰囲気が広がり始めるのは、一九六三年である。同時に、「異常気象」の定義も固められてゆく。

同年二月二二日の『朝日新聞』は、「気象庁〝異常気象〟解明に本腰」という記事を掲載した。この年、「一月大豪雪」や「過去の観測経験のない気象現象」が起きたため、気象庁が「〝異常気象〟の分析、検討」を開始したのだ。「大豪雪」で、まず、気象庁が「異常気象」を問題化する。春以降も「異常気象」が観察・経験される。さらに、マスコミが気象庁の動向や特異な気象現象と

「異常気象」というコトバを報道する。そして、人びとは、「異常気象」というコトバを知り、「異常気象」という災いを感知・実感するようになっていった。

これ以降、「異常気象」は、社会や人びとが関心を持つ重要トピックの位置を獲得する。気象学者や研究者も、人びとの不安を解消するため、「異常気象」の解明を進め、一定の図式を提出することになった。それは、地球全体の寒冷傾向の局地的表れとしての「異常気象」、というものであった。原因としては、太陽の黒点現象などもあげられているが、見解の一致に達していたわけではなかった。ただ、将来、氷河期に突入するであろう、というイメージが提示され、かなり広く浸透した。

一九七四年四月、気象庁は、『近年の世界の天候について』という一六ページの冊子を刊行する。いわゆる『異常気象白書』だ。今後全国的に寒冬となり、北日本では冷夏、西日本では旱ばつが起きる。そのため、農業に大打撃が予想され、食糧問題が生じる、という警告でもあった。

「異常気象」はポピュラーカルチャーにもパワーを供給した。一九七〇年、『少年ジャンプ』に小室孝太郎のマンガ『ワースト』が連載された。これは氷河期の到来という図式を取り入れたＳＦマンガで、人類はライバルとして登場したワーストという新生物存在との戦いを、寒冷化のなか繰り広げる。氷河期がようやく明けたときに現れた知的存在、それは人類かワーストかわからない、というラスト。「異常気象」の当時のイメージをうまく表現した作品だ。

しかし、気象庁の『異常気象白書』が示した見解に対して、反対意見も出てくる。一九七六年九月二九日付の『朝日新聞』には、『異常気象白書』再検討の記事と解説が掲載された。本当に進行しているのは、寒冷化ではなく温暖化であるという意見も強い、というものだ。七〇年代半ばまで日本社会に浸透していた「氷河期の再到来」の先駆けとしての「異常気象」というイメージは、徐々に溶解し、「地球温暖化」の予兆としての「異常気象」という現代的見方へと道を譲ってゆくのだ。「寒冷化」から「温暖化」へのシフトは八〇年代に完了するが、二酸化炭素濃度の上昇という原因の浮上は、一九八八年が画期となる。いまでは常識となった、ハワイのマウナロア観測所の大気中二酸化炭素濃度の経年上昇のグラフ。これが合州国の大旱ばつをきっかけに広範に受け入れられる。大旱ばつ前の上院公聴会で、ある研究者が、旱ばつを予測し、二酸化炭素の温室効果と関係すると証言していたのだ。

これ以降、「地球温暖化」は、二酸化炭素の排出とセットになり、国際問題化する。ここからは、「温暖化」への懐疑論も含め、環境政策史や環境問題史でトレイスできるはずだ。

「温暖化」はマンガなどに影響しているのか。二〇〇八年に完結した遠藤浩輝の『EDEN ~It's an Endless World!』は「温暖化」をベースにした秀逸なSF作品だ。ただ、マンガ的想像力にとり「異常気象」はもはやパワフルではない。「異常気象」よりむしろ『新世紀エヴァンゲリオン』や『進撃の巨人』にみられる「異常存在」こそパワフルだ。このことは、「異常気象」というコトバが時候の挨拶となり、「異常気象」現象が徹底して日常化した現状と対応している。（斎藤　光）

小松左京編『地球が冷える　異常気象』旭屋出版　一九七四
米本昌平『地球環境問題とは何か』岩波新書　一九九四
鬼頭昭雄『異常気象と地球温暖化――未来に何が待っているか』岩波新書　二〇一五

絆——団結と分裂

二〇一一年三月一一日に起きた東日本大震災の直後から、その被災状況を報道するテレビや新聞を中心としたマスメディアは、「がんばろう日本！」とか「みんな一緒だよ！」といった、被災者を励ます標語的な呼びかけとともに、「絆」という表現をしばしば使用した。津波で家族を失い、家屋を流され、あるいは原発事故によって故郷を捨てざるをえなくなった被災者たちに対して、メディアや著名人たちは、一種のお見舞いのコトバとして、私たちは同じ日本人として深い「絆」で結ばれているのだから、決してあなたたちを見捨てることなく、支援し続けるのだという趣旨の発言を繰り返した。

それを象徴的に表すような作品として、サントリーが同年四月に「メッセージCM」としてテレビで繰り返し流した、性別も年齢もさまざまな歌手や俳優たちがそれぞれ「上を向いて歩こう」の一節を歌った映像を、「希望のバトンリレー」として「絆の和を広げて行く」（サントリー公式ブログ）ように組み合わせたものがあるだろう。そして実際この曲は、文部省唱歌「故郷」とともに、被災地の人びとの心をとらえて、現地で数多く歌われたことが知られる。さらにNHKは、同じバトンリレー形式で「花は咲く」という曲を東北出身者に歌わせた映像を放送し続けている。これらの歌は、「絆ソング」と呼ばれてメディア上でもてはやされてきた。

だがもちろん、「絆」というコトバをメディア上で連呼することが、いかに空虚で観念的なふるまいであるかを批判することは難しくない。たとえば哲学者・中島義道は『反〈絆〉論』（ちくま新書二〇一四）という本で、「絆」とは本来、親子の絆、夫婦の絆、地域社会の絆など、そこから逃げたくても逃げられないような、のっぴきならない人間関係のことを指して使うものだと批判する。つまり「絆」は、人間にとって心のよりどころになる場合もあるが、自分の自由な意志や行動を「縛る」疎ましいものであることも多いはずなのだ。

たとえば、震災から二週間あまり後の三月二七日の『朝日新聞』は、釜石市、大槌町、山田町の体育館などで避難所生活を送っていた一万七千人のために岩手県が用意した、九五〇〇人分の温泉旅館への集団疎開の応募枠に対して、「自分だけ行くのは申し訳ない」という周囲の人びとへの気兼ねを理由にわずか四六〇人しか応募がなかったことを報じている。つまり、「みんな一緒だ」という被災者同士の「絆」は、略奪やパニックのない整然とした秩序を作り出したと同時に、こうした互いの気遣いによる不自由な行動をさまざまなかたちで生み出したことを忘れてはなるまい。

むしろ意地悪くいえば、メディア上に氾濫した「絆」というコトバは、この震災が日本社会のなかに引き起こしたさまざまな「分裂」や「対立」を覆い隠してくれるコトバとして使われたのである。むろん津波の被災地にも被災の相違による「分裂」は存在したが、そのとき最も隠されなければならなかったのは、原発事故による人びとの「分裂」だった。確かに「天災」としての地震と津波の被害に関しては、日本社会はさまざまな問題を孕みつつも、被災者もそうでない者も「絆」をもって対処し、復興をめざしてきたといえるかもしれない。しかし「人災」としての原発事故に関しては、それがどれほどの規模の事故であったかの評価をめぐって激しい意見の対立が起きたし、放射性物質による汚染にどう対処するかをめぐってもさまざまな見解の相違によって人びとを分裂させたし、また今後の国家的な原子力政策をどう進めるかに関しても、意見の対立やデモ行進を生み出してきただろう。だからあの震災を「絆」で語るということは、こうした震災が生み出した「分裂」や「亀裂」の問題を語らないで、当たり障りなく震災と向き合うための便法だったといえる。

　では原発事故は、具体的にどんな「分裂」を引き起こしたか。たとえば医療社会学者の森岡梨香の報告によれば（「立ち上がる母」トム・ギル他編『東日本大震災の人類学』所収）、子どもの低線量被爆が懸念された宮城県の保育所では、子どもを校庭で遊ばせるかどうかを保護者の選択に任せたため、一方で屋外で遊んでいる子どもを、他方でただそれを窓越しに眺めているしかない子どもたちがいるような「分裂」した状況を作り出してしまったという。このとき、子どもを屋外で遊ばせなかった母親が過剰に心配しすぎたのか、それとも屋外で遊ばせた母親があまりに無謀だったと考えるべきなのか、誰も自信を持って判定することはできないだろう。つまり低線量被爆による発癌可能性という確率論的問題は、客観的な正解がないために、人びとを互いに疑心暗鬼に陥らせ、しばしば家族の中でも避難・疎開すべきかどうかをめぐって意見の相違や対立を生み出したのだ。

　そうした疑心暗鬼的な不安による「分裂」だけでなく、人びとの意見の明確な「対立」を露わにしたのがネット空間だろう。たとえば、放射線物質の拡散による健康への影響は最小限にとどまるという見解を述べる専門家に対しては、政府の言いなりになって嘘をつく「御用学者」というレッテルが貼られて激しく罵倒され、逆に被爆の危険性を強く訴える専門家に対しては、十分な科学的根拠を示さずに危険を煽るだけの「放射能」とか「トンデモ」というレッテルが貼られて批判がされた。そうしたネット空間内における、異なった意見の持ち主同士が激しく罵り合うような対立的状況は、とても「絆」というコトバに相応しい状況ではなかった。

そう考えると、マスメディア空間における「絆」という儀礼的コトバの氾濫は、戦争やオリンピックを一緒に体験させることで国民的な「絆」を生成させる社会装置として機能してきたマスメディアの問題だったのかもしれない。儀礼的に気遣いのコトバを投げかけることしかできないテレビというメディア空間と、相互に罵詈雑言を投げつけあうことしかできないネット空間。この二つのメディア空間は、見事なまでにその役割を補い合っていた。だから私たちは、そのどちらかだけを見て済ますのではなく、両者を見渡すような地点に立って、この社会全体を観察し記述しなければならないだろう。

（長谷正人）

トム・ギル、ブリギッテ・シテーガ、デビッド・スレイター編『東日本大震災の人類学――津波、原発事故と被災者たちの「その後」』人文書院　二〇一三
磯前順一『死者のざわめき――被災地信仰論』河出書房新社　二〇一五
金井美恵子『目白雑録5　小さいもの、大きいこと』朝日新聞出版　二〇一三

グローカル――グローバルとローカルを乗り越える？

グローカルは、グローバルとローカルから合成された造語である。もともとは、日本企業の国際戦略から出てきた和製英語らしいが、今日では英語にも取り入れられている。とはいえ、日本語としても充分に定着しているとはいえないようで、『広辞苑』などの大型国語辞典にさえ、まだ収録されていない。唯一収録されている『大辞林』で「グローカル」を引いてみると、「国境を越えた地球規模の視野と、草の根の地域の視点で、さまざまな問題を捉えていこうとする考え方」とあって、いかにも二一世紀の課題を解決する鍵となりそうなコトバである。

たとえば、自動車産業。いうまでもなく、日本経済を支える基幹産業である。これからも成長を続け、日本経済を牽引してもらわなければならない。グローカルな問題にも先進的に取り組んできた。まさにグローカル産業だ。世界中で日本車を売り続けるためには、輸出車の仕様を各国ごとに変えるなんて、あたりまえ。さらに、各国の事情、嗜好に合わせたクルマを現地法人で現地生産。もちろん、従業員だって現地採用。日本本社から派遣された社員が、悪戦苦闘しながらも、日本流の生産方式、管理方式を、現地流にアレンジしながら根づかせる『プロジェクトX』な物語。今やQCサークル、かんばん方式までグローカル！　トヨタにホンダ、さすがに日本のリーディング・カンパニー。

たとえば、地球温暖化。いうまでもなく、人類ばかりか、地球の危機だ。あな恐ろしや。人類が生み出した二酸化炭素などの温室効果ガスのために、気温が上昇しつつある。このままでいけば、海面が上昇し、陸地は水没してしまう。なんでも、ツバルという太平洋の小さな島国は、水没寸前らしいぞ。われわれにできることは何か。地球環境を守るために、身近なところから暮らしを見直していくことだ。一人ひとりが省エネ省資源。夏のクールビズに冬のウォームビズは、いわずもがな。湯たんぽに腹巻き、すだれに打ち水。日本の先人の知恵は、グローカルだったのだ。おっと、打ち水には風呂の残り湯を再利用することを忘れないでね。地球環境というグローバルな問題を解決するためにこそ、ローカルな行動が求められている。Think globally, act locally. これがおいらのモットーさ。

たとえば、京都。いうまでもなく、日本の古都だ。米国の大手旅行雑誌の人気観光都市ランキングで二年連続世界一位に輝き、世界中から観光客がわんさか押し寄せる。世界遺産の清水寺に金閣寺、二条城。世界遺産じゃないけれど、外国人観光客の人気ナンバーワンの伏見稲荷。清水焼に友禅染、西陣織。伝統工芸クールどす。今も息づくわび、さびに、はんなり、ほっこり。デパートやドラッグストアはいうまでもなく、町の大衆食堂のメニューにまで、英語、中国語、ハングル。ハラール対応おばんざいもご用意しております。そもそも平安京の昔、唐の都をまねて造営され、洛陽の異称を持つところからして、グローカルだったのだ。いまや、ぶぶ漬け伝説どこへやら。京の「お・も・て・な・し」ってグローカル！　おいでやす。

たとえば、中山間地域の農業。いうまでもなく、担い手の高齢化がいちじるしい。若者の仕事といえば、公務員か教員か農協職員ぐらいしかない。だからせっかく大学まで出した子どもも、都会で就職してしまう。当然、農業に後継者はいない。ご先祖様が残してくれた山あいの美田は、あっという間に草ぼうぼうの耕作放棄地に。だけどマイナス思考のスパイラルにおちいってばかりじゃいられない。その土地でなければ栽培できない、おいしい米や伝統野菜を栽培して、インターネットで売り出そう。和食は世界遺産だし、ブランド化に成功すれば、輸出だって夢じゃない。TPP何するものぞ。中国や東南アジアから花嫁を受け入れて、多文化社会を先取りしてきた実績もあるじゃないか。危機こそチャンス、グローカル万歳！

などなどと、グローカルは、グローバルの持つ横暴さを飼い慣らす一方で、内向きなローカルを脱する可能性にも気づかせてくれる。グローバルとローカルのいいとこどりで、まさに二一世紀に必要なコンセプトだと、納得してしまいそうになる。

にもかかわらず、グローカルにはどこか信用できないところがある。なぜだろう。

まずいえるのは、そこはかとなく漂う、グローバルに対する格下感である。国境を越え、自由に世界を行き来するスーパーエリートがグローバルだとすると、グローカルはしょせん国民国家の枠を出ていない地方公務員だ。グローカルはグローバルを前提としている、いわばグローバルの腰巾着みたいなものだ。

その一方で、グローカルはローカルを見下している。古くて頭が固くて視野が狭い、ただの田舎もの。国境を越えた視野を持たなければ、時代に置いていかれるぞ。ローカルに対するグローカルには、こうした上から目線が感じられる。

こういう、トップではないが最下位でもないがゆえの、上に対する自信のなさと下に対する傲慢さ。しかも、生まじめぶってそれを公式には認めていないところ。グローカルの信用できなさはこのあたりに由来するように感じるのだが、このポジショニング、何かに似ていないか。

そう、世界の中の日本のポジショニングにそっくりだ。グローバルは欧米。ローカルはアジア諸国。あこがれつつも、しょせん届かぬ欧米には、劣等感がぬぐえない。けれども、アジア諸国は小バカにする。

しかし、ユーラシア大陸の東の果ての島国日本は、いわば吹きだまりのようなところであり、稲作渡来の昔からグローカルでしかありえなかった。われこそはグローバル人材だと自負して世界を行き来しているエリートだって、欧米の目には「がんばっているグローカルな日本人」と映っているにすぎないのではないか。なるほど、だからグローカルは和製英語だったのか。

けれども、われわれはつねに地球上のあるローカルな一点に存在し、そこで活動している一方で、そこは緯度と経度というグローバルな座標で示されるという意味では、グローバルもローカルも一面的な見方であり、すべてはグローカルでしかありえないともいえる。

よくみてみよう。

グローバルとグローカルの違いは、「バ」と「カ」だけ。その違いにこだわるのはバカなことなのだ。そして、ローカルとグローカルの違いは、「グ」がつくかつかないか。その違いにこだわるのは愚にもつかないことなのだ。


（鵜飼正樹）

内田樹『日本辺境論』新潮新書 二〇〇九
加藤周一『雑種文化——日本の小さな希望』講談社文庫 一九七四

里 山——持続可能な本来の森って？

持続可能な開発（sustainable development）に基づいた社会をめざそうというスローガンが世界中、官民一体となって喧伝されて久しい。日本では、高度経済成長のひずみへの反省、バブル経済崩壊の余波もあって、二一世紀以降、環境に負荷をかけすぎない社会が理想と言われる。

持続可能な社会のキーワードの一つが「里山」である。「里山」は奥山ではなく里（人が住む集落）に近い山というニュアンス以上に、環境保護やそれから派生する主義主張や社会運動、社会現象を含意している。乱開発される前の里山を取り戻そうという動きだけでなく、自然に優しい、エコな暮らしを心がけようという考えや活動である。無農薬の野菜を使ったメニューを提供する飲食店が、たとえ大都会の真ん中で営業していても、山育ちの野菜を使わなくても、「里山カフェ」「里山ダイニング」などと自称することが象徴的かもしれない。

また、最近、ベストセラーとなった藻谷浩介＋NHK広島取材班『里山資本主義』は、自給自足をめざす田舎暮らしこそが、お金と安心安全を地域内で循環させ、過疎化、少子化、高齢化という現代日本の大問題を克服できると主張する。「里山」は「マネー資本主義」が蔓延する現代社会の救世主だというのである。藻谷は「普通に真面目で根気のある人が、手を抜きながら生きていける社会が、里山にはある。里山の暮らし方は世界に通用する」と述べる。本当だろうか。いずれにせよ、里山は只今、大流行である。

さて、里山というコトバ自体が初めて文献に出たのは江戸時代だとも言われるが、現在のような含意で用いられるようになったのは、森林生態学者、四手井綱英の主張が最初ではないだろうか。ただし、一九八〇年代頃までは、現在の里山に対応する場所は、一般には入会《いりあい》あるいは入会山と呼ばれていたと思われる。四〇年以上前の幼い頃の記憶を辿れば、私の故郷では、河川の堤防に広がる雑木林を「いりあい」と呼んでおり、年一回、地区住民が総出で草刈りをしていた。ムラの水路も「いりあい」と呼んで、ムラ人みんなで底ざらえ、大掃除をしていた気がする。当日、参加できない住民には、たぶん、一律五〇〇円（当時）の負担金が課されていたはずだ。

話を里山に戻そう。むろん、里に近い山には、所有権としては国有地や公有地、私有地もあろうが、集落のメンバーが協力しながら維持管理する点、地域コミュニティが独自の規制のもと共通に活用する点では、「里山」とは入会山に対応するコトバだと考えてよいだろう。

この入会山は高度経済成長期までは、現代の私たちがイメージするような里山、つまり乱開発以前の雑木林だった訳ではない。近世以降、薪や炭に利用するための木材を伐採し、有機肥料として活用できる落ち葉を集め、家畜の飼料にするため下草を刈り取るなどの活動、いわば乱開発が行われていた場所である。そのため、入会山の多くは、地力（土地の栄養分）の乏しい荒地となる場合が多かった。いわば、はげ山の風景が広がっていた場所も少なくなかった。入会山は、過度な土地利用をした結果として、土壌流出の危険さえある荒地だったのである。大雨が降れば山崩れが起き、谷間も埋めてしまう土壌流出である。完全な荒地とならないまでも、入会山は昔の林相とは異なるアカマツ林、あるいは草地に変貌してしまったという。

現在の里山保全運動の多くが、高度経済成長期以前の里山に戻そう、昔のような、人間と自然が折り合いを付けていた豊かな雑木林を取り戻そうと主張しているが、その前提は間違っている。乱開発により里山には近世以降、はげ山が広がっていた。高度経済成長が里山を破壊したのではない。そもそも、現代人が理想とする豊かな雑木林など、なかったのである。里山イコールはげ山が、いわゆる雑木林に変わるのは、家庭用燃料が薪炭から石油・石炭に移り、もう薪や炭が要らなくなった高度経済成長期。一九五〇年から始まる国土緑化運動も、それを後押しして、はげ山は少しずつ雑木林となったのである。

しかし今度は、高度経済成長期の都市郊外の住宅開発、大都市圏縁辺部のゴルフ場開発などにより、里山の雑木林は広く伐採され、宅地化された。また、宅地化などが進まない里山は、地域コミュニティの崩壊により、人の手が入らず放置された。さらに、粗大ゴミや産業廃棄物の不法投棄により、雑木林の環境汚染が深刻化した。有機肥料ではなく、化学肥料を使う農業が一般的となり、落ち葉は利用されない。都市近郊では家畜を飼う農家は激減し、また家畜は輸入された飼料で育つようになった。ここで、残された雑木林も、本来、気候条件に対応して生育する常緑広葉樹ではなく、落葉広葉樹あるいは竹林となり、林相が大きく変わったことである。生命力に富んだ落葉広葉樹や竹林が、常緑広葉樹を駆逐してきたといわれる。

スタジオジブリの有名な作品に『となりのトトロ』（一九八八）がある。東京郊外の多摩地域の雑木林を舞台にする名作だ。作品の中では、ドングリが本来の豊かな森を暗示しているが、多摩地域ならば、位置的に、本来は落葉広葉樹のナラ林ではなく、常緑広葉樹であったと思われる。生命力が逞しいナラ林など、後から広がってきたと推測される。地球に優しい人間生活をアピールし、自然保護を訴える宮崎駿作品でさえ、林相が大きく遷移した二次林を本来の自然環境の姿だとして描く。

さて、バブル経済崩壊後、「里山」というコトバの普及により、集落を流れる、あるいは集落に近い河川、里山から流れ出る川を「里川」と呼ぶことがある。また、海岸沿いの集落に近い海を「里海」と呼ぶ場合もある。「里山」を流れる「里川」が海に出て「里海」となるという解釈もある。人間が日常的に利活用する自然環境が里山、里川、里海だという。里山、里川、里海をできるだけ汚さず、また、それらから過剰に資源を奪わないようにする、それがエコな生活のひとつだそうだ。とても結構な話である。

テレビや新聞、雑誌を見ると、経済は地方創生、食品は地産地消で無農薬、観光はグリーンツーリズムやエコツーリズム、さらにサステナブルな暮らし……東京目線での、魅惑的な誘い文句が踊る。右で紹介したように、持続可能な本来の森と言っても、乱開発される前の、近世以前の里山は実は、もうすでに消滅していることを忘れてはならない。

（内田忠賢）

藻谷浩介・NHK広島取材班『里山資本主義――日本経済は安心の原理で動く』角川Oneテーマ21 二〇一三
千田稔・前田良一・内田忠賢『風景の事典』古今書院 二〇〇〇
千葉徳爾『はげ山の研究　増補改訂』そしえて 一九九一

想定外――合理性の〝先〟を生きる

「ある一定の状況や条件を仮に想い描く（『広辞苑』第六版 二〇〇八）」「想定」というコトバは、合理的な思考と不可分であり、学術の専門家ではない人が日常的に使うようになったのは、さほど昔のことではない。学術用語が一般化するのは、大きな事故や事件があったときにマスコミで何度も取り上げられて、という事例が多いが、「想定」というコトバが最近注目を集めたのも、二〇一一年三月に起きた東日本大震災がきっかけだった。その際は、地震被害の予知が大きくはずれ、致命的な結果をもたらしたという認識が「想定外」というコトバを付されて語られていた。

その「想定外」というコトバは、「リスク社会」という概念と強い結びつきをもっている。「リスク」という概念は、将来の変化を合理的に予想し、それに対応する所作を事前に準備しておきたいという意欲を前提とするものである。それゆえリスクは、必ずネガティブな事態をともなうわけではなく、ポジティブな想定の下で語られることも少なくない。なかでも資本家の投資行動は、ポジティブな意味でリスクをともなう行為の典型といえる。

実際、ITバブルと金融・証券の規制緩和によって、新興実業家がマスコミを賑わした二〇〇〇年代前半には、自己の言動のフィードバックが、すべて「想定の範囲内」にあると豪語する一人の若者が時代の寵児となった。残念ながら、そう嘯《うそぶ》いた当人は、のちに証券取引上の不正行為で有罪となり、収監されたので、彼が自分を賭けたリスクは必ずしも「想定の範囲内」ではなかったようだ。それでも彼は、当時の冒険的投機を記憶する人びとから一定の支持を集め、今も人気ブロガーとして活躍しているのだから、いぜんとしてポジティブなリスクの象徴であり続けている。

それはともかく、リーマンショックと東日本大震災をあいついで経験したわれわれにとって、リスクのネガティブな側面に関心が集中してしまってもしかたがないことだろう。とくに後者は、専門家が想定した災害対策基準を超える規模の津波を派生し、原子力発電所を、致死的な放射線をまき散らすネガティブなリスクの象徴に変えてしまった。

二〇一一年の津波をともなった大地震と原発の暴走という悲劇について印象深いのは、それらが前例のない事件でありながら、「なぜ想定できなかったのか」ということが繰り返し問われたことである。前例のないことであれば、「想定外」であっても一度は許されるのが常識ではなかっただろうか。現代において、前例のないことでも適切にシミュレートすれば必ず予見でき、対策できたはずだという共通理解が成立しているのであれば、われわれの暮らしは科学的合理性によって飽和され、将来まで含めてリスク計算によって包囲された時代に到達したと考えるべきかもしれない。

とはいえ、今回原発が暴走する原因となった津波の「想定外」の高さについては、八六九年に今回とほぼ同じ地域に同程度の被害をもたらした貞観地震を前例に含めていたら十分な対策がとれていた。それが前例とされなかったのは、千年以上前の事件であって、最近数百年は原発のある地域で大きな津波が記録されてなかったので、信頼できるデータと認められていなかったせいだった。

貞観地震を前例に含めなかった問題については、地震考古学という比較的歴史の浅い専門分野からの提言が「原発ムラ」の政治力によって握りつぶされたととらえることもできるが、他方で、たんにアカデミックな序列で、実績が少なく信頼度の低い分野の専門家の意見が軽視されただけとみることもできる。発展の結果、無数に枝分かれし、別の分野の専門家との交流が少なくなった科学の現状を考えると、リスク計算に際して、無数にいる専門家の「想定」のうち、どこまで考慮に入れるべきか線引きするのは容易なことではない。事後的に考えれば致命的に有効だった提言であっても、事前には無数にありえる「想定」のうち信頼度の低いものだった可能性も否定できない。

確かに、「無視できるほど低確率」とされる水準をより安全志向に高めていれば、すべては予見できたかもしれない。九・〇という日本では前例のなかった地震のマグニチュードについても、同じ環太平洋に位置するカムチャッカ半島には前例（一九五二）があり、アラスカでは九・二さえ記録（一九六四）されていた。日本列島でより小さい地震しか想定されていなかったのは、「地盤を構成するプレートは、地核を構成するマントルの対流による移動があり、プレートの生成時期が古いほど起きる地震は小さくなる」という仮説の信頼度を過大評価したものであった。しかし、信頼度の低い新説まで含め、あらゆる仮説を深刻にとらえすぎると何もできなくなってしまうのではないか。

日進月歩の科学の世界と比べ、一般社会におけるリスク計算では、最先端とはいえない仮説が不動の権威を持って通用してしまう危険がさらに高くなる。その危険を避けるには、リスク計算の再検討を定期化することが重要になるだろう。しかし、そこまでやったとしても、無数に分岐する科学研究のどの分野の意見を「最先端」とするのかが問題になる。再生医学の分野で最先端とされる「人工多能性幹細胞（ES細胞やiPS細胞）」の開発をめぐる昨今の騒動を思い出せばわかるように、どの分野であれ、「最先端」の研究は信頼性が確立されておらず、短期間で「新発見」が間違いであったとして覆される危険性をつねに秘めている。そこを考えると、大勢の命や財産が賭けられている一般社会のリスク計算において、「最先端」の知見が取り入れられるまで時間がかかることは、専門家や官僚の怠慢として一概に否定できるものではない。人の生き死にや人類の未来にかかわるリスクに対してわれわれができることは、実用上可能な限りの頻度で、可能な限り多くの危険を想定して討議を行い、ほころびがみえてもそれなりに信頼できる「中庸」の判断を導くことのように思える。

だが、妥協を嫌う哲学者にいわせると、科学が発達し過ぎた現代では、以前は有効だった「中庸」の判断が通用しづらくなっている。原発の暴走のような極大リスクは、実用的な合理性からは無視できるほど低確率であっても、ひとたび発動すれば人類に致命的な影響を与えるから、証券取引のリスクと同様には扱えない。後期近代を生きるわれわれに必要なのは、科学がいかに発達しても、そこだけは合理的な判断による介入をためらうべきカオスな領域が残ることを認める勇気である。

「想定外」というより「想定不能」なものの存在を認めるとき、人はしばしば宗教に頼りたくなるが、宗教的解釈であれ、民主的な討議で生み出される「中庸」の判断であれ、近代の合理性を超えて選んだ選択肢であるなら、われわれはそのいずれにも依存せず、「想定外」を許容しながら便利に使い分けるしかないのではないか。それこそが生活者の「生きる智慧」というものだろう。（西山哲郎）

大澤真幸『夢よりも深い覚醒へ――3・11後の哲学』岩波新書 二〇一二
黒崎政男『今を生きるための「哲学的思考」』日本実業出版社 二〇一二
西山哲郎編『科学化する日常の社会学』世界思想社 二〇一三

風評被害——消費者の過剰な自己防衛

風評被害とは、根拠のない否定的な評価や評判が広まることによって無関係な生産者などが経済的損失を受けることである。具体的な事例はたくさんある。たとえば、一九七七年に、和歌山県有田市で発生したコレラ事件が消費者の不安をまねき、それと無関係な有田産の農作物の買い控えが起こり地元の農家が甚大な被害を受けたことがあった。一九九七年には、大阪府堺市の学校給食でO－157による大規模な集団食中毒が発生し、カイワレ大根の買い控えが起こり、業者が深刻な被害を受けた。二〇〇一年には、狂牛病の発生により消費者の牛肉離れが起こり閉店に追い込まれる焼肉店も現れた。最近では、東日本大震災による福島第一原発の事故で福島県産野菜に対する買い控えが発生し、生産者は深刻な風評被害に晒された。

風評被害は江戸時代からあるという説もある。市場経済が発達した江戸時代の日本では、風説や噂によって商品の取引に影響があったという。戦後復興期である一九五五年の森永のヒ素ミルク中毒事件では、粉ミルクだけでなく、すべての森永製品に対する不買運動が起こり、売れない森永製品を扱わない商店が登場した。風評被害はおそらくこのような不買運動や買い控えの延長線上に位置づけられるのだろう。

風評被害を起こす一番大きな要因は、マスコミやインターネットなどによる報道である。通常、風評被害は、事故や事件をマスコミが報道することによって住民や消費者に不安が広がり、消費者の買い控えなどから起こる。さらに、マスコミは風評被害を生み出し拡大すると同時に、その風評被害を事件として報道する。たとえば、二〇一一年三月の東日本大震災で被災した茨城県大洗海水浴場と観光施設は甚大な被害を受けた。しかし、七月には主要な観光スポットが再開し、震災の爪痕もわからないほど海岸の景観は回復した。マスコミも震災後に再開できた最も原発に近い海水浴場として注目していた。しかし、残念ながら海水浴客の少ない海開きになった。インターネットの報道サイトは、「震災の風評により海水浴客のいない海開き」と報道し、風評被害の怖さが強調された。マスコミの報道によって風評被害が生まれ、それをまた報道するという構図が被災地をますます苦しめていないだろうか。ただ、マスコミは事件を報道しないわけにはいかない。

風評被害の原因はマスコミだけの問題ではない。なぜなら、たんなる噂や誹謗中傷とは異なり、風評被害では報道内容は人びとにきちんと伝わっているからだ。大洗海水浴場の海開きは、震災による原発事故からわずか四か月後である。放射能汚染水が海に流れ出ている原発に近い海水浴場に去年通りの海水浴客が来ないのは、放射能汚染の恐ろしさをみんなが知っているからである。つまり、風評被害はたんなる噂ではないのだ。関谷直也によれば、「風評」というコトバが初めて国会で使用されたのは、一九五四年に発生した第五福竜丸被爆事件で、マグロなどの魚介類が売れなくなった放射能パニックを議論したときであったという。その後、日本では原発事故による放射能漏れが起こるたびに、風評被害が問題になった。放射能汚染という事実を知った消費者は、放射能汚染の心配はないとされ店頭にならんでいる食品でも、念には念を入れ慎重に自らの判断で食品を選ぶ。人びとはより確実な防衛手段を選んでいるのである。それがある分野の経済的損失につながってしまうのが風評被害なのである。かつて社会学者のマートンは、ある噂が広まると、それが原因となって噂が現実になることを「予言の自己成就」と呼んだ。たとえば、一九七三年に愛知県で「豊川信用金庫がつぶれる」という根も葉もない噂が流れ、人びとが預金を引き出しに殺到するということが起こっている。その後、事態は沈静化するが、そのまま続けば本当に豊川信用金庫は支払い不能になっただろう。松田美佐は、風評被害と「予言の自己成就」はプロセスは同じだが、きっかけが異なるという。風評被害とは人びとの「合理的な行動」が引き起こす予期せぬ結果であるという。事実が正しく伝わっているから起こるのが風評被害なのである。放射能汚染に関しては、原発事故のたびに地域住民への通報の遅れや事故の隠蔽が問題になってきた。その事実も消費者は知っている。彼らが電力会社や政府の放射能汚染に関する発表に不信感を抱くのは当然であろう。放射能汚染の風評被害は、消費者が事故に関する一連の情報を理解したうえでとった行動の結果なのである。

ただ、インターネット社会では風評が広がっていることに気づかないことがある。最近、客の数が少ないと不思議に思っていたら、インターネット上に店に対するネガティブなコメントがたくさん書き込まれていたりする。インターネット上に書かれた風評はいつまでも残る。「人の噂も七五日」といわれるように、どんな風評も月日がたてばみんな忘れてしまうから心配しなくてもいいと考えられてきた。しかし、インターネット上に広がった風評は簡単には消えない。場合によっては、それによって店が閉店に追い込まれることがある。そこで、このような風評被害対策窓口サービスや風評被害対策を請け負う企業も登場している。これらのサービスの多くは、インターネット上に書き込んでいる個人を特定し通報したり、自分の店の名前を検索したときに、ネガティブなコメントが上位に表示されないようにしてくれる。インターネット上で検索しても風評が表示されなくなると、まるで風評などなかったかのように消えていくらしい。

二〇一五年三月に、東京電力福島第一原発で汚染水が外洋に流れていると知りながら、東京電力がまた事実を公表していなかったことがわかった。仮に風評被害を食い止めるためにインターネット上から原発事故隠蔽の記録を消しても、次々に新しい隠蔽事件が発覚する。もはや風評被害を論じる以前の問題である。それでも風評被害を受けた生産者の惨状を考えると、解決する手段を講じる必要があるだろう。しかし、風評被害が人びとの合理的な自己防衛の結果から生まれている以上、それを食い止めることは難しい。ただ、人びとが過剰な自己防衛に走らないようにすることはできるはずだ。それには、今まで以上に詳しい正確な情報が人びとに提供されることが必要である。隠したくなる情報も含めより多くの情報が公開されることが必要である。そして、政府を含め私たちの生活の安全を守るべき機関に対する揺るぎない信頼があれば、マスコミが事実を報道しても、風評被害を最小限に抑えることができるかもしれない。風評被害を声高に叫ぶだけでは、被害を拡大するだけなのである。

（富田英典）

関谷直也『風評被害――そのメカニズムを考える』光文社新書 二〇一五
鈴木浩三『江戸の風評被害』ちくま選書 二〇一三
松田美佐『うわさとは何か――ネットで変容する「最も古いメディア」』中公新書 二〇一四

ボランティア——地域と家庭の無力

大きな災害が起こったあとの被災地に欠かせないのは、助けてくれる人の手である。危険な状況では、自衛隊や警察・消防をはじめ、特別の訓練を受け十分な装備をもつ人たちの力が求められる。その後、やや落ち着いた段階になると、生活必需品を運び入れたり、不要なものをとりのぞき処分したりする多くの人手が不可欠だ。阪神・淡路、東日本の二つの大地震の経験から、被災地の助け方、手伝い方のノウハウは練り上げられてきた。

どこで、どんな支援が必要とされているか。地図や被災状況の写真、現地までの経路のほか、助けに行く人たちに役立つ情報が整理され発信される。人員の配分や現地入りするためのバスの手配、到着後の作業拠点の設営なども、おおよその手順が出来上っている。もちろん、完成形などはないのだが、近年では災害が起こったその週の週末には手助けの人びとが送りこまれ、復旧作業にあたることが可能になった。ニュースの画面だけをみていると、いささか手際がよすぎるようにも映る。もちろん、大きな災害の犠牲をふまえて徐々に整えられたしくみだから、ケチをつけることではない。尊い犠牲によってつくりあげられた心構えは、重んじられるべきだろう。

このような動員の際に使われるコトバが、「ボランティア」である。英語では、一八世紀くらいに志願兵の意味をになったようだ。市民主導の問題解決行動について用いられ、参加する人の良心が原動力となっている。

日本でも、関東大震災のころから、じっさいの活動が行われてきた。だが、それは「セツルメント」と呼ばれ、「ボランティア」の語はみられない。昭和戦前期、戦中までは、「奉仕」「篤志家」というコトバがあてられていた。とくに総力戦の時代には、自己犠牲が当然視されて「滅私奉公」というかたちで強い印象を残すことになる。敗戦後の社会においては、全体主義・軍国主義的な「滅私」は否定され、またかつての商家に見られた慣行としての「奉公」も封建遺制とみなされた。「奉仕」という考え、行動は、時代錯誤的なものになってしまった。かといって、それに代わるコトバも見当たらず、「奉仕」は使われつづけた。「ボランティア」が外来語のカタカナ書きとして定着するのは、一九六〇年代半ばとみられ、戦後の英語教育が浸透したこと、日本語表記のなかでカタカナ書きが珍しくなくなったことなどが背景にあったものと考えられる。はじめのうちこそ「ボランティア（奉仕者／奉仕活動）」というような訳語併記がみられたが、やがて「ボランティア」と単独で使用されるようになった。

表記は変化しても、ひとつだけ維持されてきた内容がある。「無報酬」の活動を指す、という点だ。これは現行の辞書・事典類にも散見される要素である。現実には、ボランティア活動であっても必要な経費が支出され、場合によっては報酬が支払われるケースも増えている。

が、ボランティアは無償だからこそ尊いという古くからの感覚は生きており、人件費や経費を計上する団体は、倫理的に問題があるとみなす人もいる。

いっぽう、ボランティアへの参加が強いられ、善意の芽を摘みとってしまうこともある。「強制ボランティア」という、矛盾したコトバの合成語を目にした。まじめな人たちになかば責められ、いやいや参加した人たちの不満のコトバをみると、「無償労働」を「させられる」という点が強調されている。ここにも、ボランティアは無償であるという前提を読みとることができる。

ボランティアは強制されるものではないが、しかし、きっかけがないと始められない。周囲の目を気にして、「いい子ぶっているのではないか」と思われたくないがために逡巡する。その一線をこえさせようとしたのが、公共広告機構（現・ACジャパン）が二〇〇一年に展開した「ちょボラ」というキャンペーンだった。ちょっとしたボランティアという意味だが、継続的なボランティア活動というよりは、日常の人助けの輪を広げようという意図だった。

グローバル化が災害や紛争の起こる範囲を拡大した。助けを求める人びとは世界中に存在する。いっぽう情報化によって、世界中のボランティアがネットワークをつくり、必要な人や支援物資を送り届ける。二一世紀のボランティアは明らかに往時の奉仕活動とは異なる面をもった。

新しい形態に応じたコトバが、つぎつぎに生まれている。「ボランティアツアー」で現地への理解を深める。人材は「ボランティアバンク」に登録され、役務と人とのマッチングをはかる機関もある。「ボランティアセンター」や「ボランティア保険」などの整備によって、遠方からかけつけるボランティア、危険な役務をになうボランティアたちのほうが助けられている。

企業によっては、「ボランティア休暇」を制度としてもうけ、一定の期間、仕事を離れても復職ができるようにした。そういったかたちを採用できる企業は、社会貢献のていどが高いとされる。また、受験に際して、ボランティア活動に参加した実績を評価にくわえる学校も少なくない。ボランティアは、自己犠牲を強いられ使い捨てられる存在ではなくなった。報酬を受け、保険で守られるようになった点も、改善といえるだろう。だが、実績が社会的評価の対象となれば、評価されたいがために実績をつくるという逆転も起こりうる。ボランティアの内実を問題視し、批判的スタンスをとる人たちの意見には、うなずける部分がある。

災害など非常時の、一時的なボランティアではなく、社会的弱者を恒常的に支えようというとりくみも育ちつつある。高齢化・過疎化などの社会変化を受け、「介護支援ボランティア」や「ボランティア輸送」(送迎や宅配を助ける)、「援農ボランティア」などが生まれている。高齢者も助けられるだけの存在ではない。自分が健康なあいだは「シニア/シルバーボランティア」として開発途上国に出かけたり、子育て支援、地域での見守り活動に参加したりする。

「グリーンボランティア」は森や公園の緑のメンテナンスをになう、「観光ボランティア」は来訪者へ情報提供や道案内をする。「スポーツボランティア」は健康づくりの一助となっているし、「傾聴ボランティア」は、ただ人の話に耳を傾けるという一点で貢献しようとする。

参加する人の属性、提供される知識や技能などは多岐にわたる。また活動の場も広がった。非常時だけでなく、日常的なものが充実することは心強いかぎりだ。けれども、それらはほんらい、家族や地域があたりまえのように果たしてきた役目ではなかったか。いや、小さな集団では対応できない大災厄の時代になったということか。ボランティアのきめこまかい支援は、家族や地域の機能喪失とうらおもての関係にある。

(永井良和)

現代風俗研究会編『現代風俗——応援・サポート・人助けの風俗』新宿書房 二〇〇七

リスク社会――セキュリティと排除

リスク、すなわち危険があふれ、人びとがそれにおびやかされて生きる社会をいう。このコトバの学術的な意味あいは、ドイツの社会学者のベックが『危険社会』で論じている。くわしく知りたい読者は、同書や、それを解説した文章を参考にしてほしい。

学者の論じるところとは別に、「リスク社会」という新語の流行は認められる。この語が新聞などで用いられはじめたのは二一世紀になってからであり、さほど古いことではない。ベックの本が出版されたのは一九八六年で、邦訳が一九九八年に出たときには「危険社会」というタイトルにされた。そのときすでに「リスク社会」という表現が一般化していたなら、邦題もそれに配慮しただろう。前世紀末の時点では、「リスク」ではなく、あえて日本語の「危険」とするほうが理解してもらいやすかったようだ。「リスク」といえば、一般には投資が回収できないような事態を指した。それが、米国の九・一一の同時多発テロ、さらには東日本大震災と福島第一原発の事故といった出来事を経て、「リスク」という語が受け入れられていく。

古い時代の貧困や戦争など、目に見え、わかりやすい「危険」とはちがい、新しい「リスク」は見えにくく、回避できそうでできない。テロリストはどこに潜んでいるかわからないので、高いコストをかけて防犯のためのシステムを構築しなければならない。また放射能汚染がどこに広がっているかは計器によって測定せねばならず、その対応には専門的な知識を必要とする。

人がむすぶ社会関係においてもリスクはあらわになってきた。従来であれば、病気や失業などの困難に際しては、家族や地域が助けてくれた。それがいまやあてにできない。人生は個人の自由な選択に基づいてつくられていくが、うまくいかない可能性も高く、失敗の責任も個人が負わされる。それらを回避すべく、リスクとは何かを教え、その解決策を考える授業さえ、学校で行われるようになった。企業でも、「リスクマネジメント」が課題とされ、不祥事を起こした際に、どのように対応するべきか、どう謝罪するべきかについて準備がすすめられる。

二一世紀の世界は、こういった状況を、国境を越えて共有する。紛争地域や、犯罪多発地域はもちろん危険だが、だからといって、先進国にいればまったく安全というわけではない。

リスクに囲まれて生きているという感覚は、「安心・安全な社会」の希求をうながす。リスクを指摘する声が大きくなるのに比例してセキュリティ産業は市場を拡大した。監視カメラや緊急通報装置、生体認証システムといった最先端の技術を応用したしくみが、私たちの生命と財産を守る。着々と売上げを伸ばすセキュリティ業界。それを「不安産業」と呼びかえる人もいる。だが、考えてみれば、この世にあるすべてのリスクをとりのぞくことはできない。いや、まずすべてのリスクを把握することすらできないのだ。とするなら、セキュリティ産業の成長は永久に約束されたようなものだ。人びとが金の無駄遣いだと悟ってしまうか、あるいは、世界が大きな災厄にまきこまれセキュリティ業界ごと壊滅してしまうか、そのいずれかにならないかぎり。

また、リスクを回避あるいは低減するために開発されたさまざまな商品の、個々の効果も疑いだせばきりがない。防犯カメラをつけておけば、万引きくらいは減るかもしれない。しかし、確信犯の強盗に犯行を思いとどまらせることができるかどうかは運しだいだ。抑止効果が限定的であるとすると、人びとは何のために防犯システムに支出するのだろうか。効果があるかどうかはわからない。そうわかっていても、つけないわけにはいかない。ほかの人たちも使っているし、万一のときに使っていなかったというのでは、かっこうがつかない。かりに、そのような思惑で防犯システムを導入しているのであれば、それは受験生が天神様のお守りを身につけるのと同じだろう。にもかかわらず、「ハイテクお守り」は、世の中に満ちあふれている。

じっさいに問題になるのは、リスクを排除する技術のレベルではない。むしろ、リスクをとりのぞくしくみが導入されている場所と、監視が手薄になっている場所とのあいだに格差が生じていることのほうが気にかかる。

金満家なら、安全性の高い住居に立てこもり、警備員を雇って自衛することができよう。いっぽう貧しい階層は、警報装置さえない住居で生活しなければならない。犯罪だけではない。自然災害であっても、病気であっても、そのリスクへの対応力は、もてる資力によってちがってくるはずだ。リスク社会という語が、このところ耳目を集めるのは、犯罪や災害が頻発する物騒な世の中になったと人びとが感じているからだけではない。格差が大きくなったことで、自分はリスクにまきこまれやすいのではないかという不安が広がったからでもある。

けれども、リスクを恐れる心性は、自分がリスクを与える側にはいないと思いこんでいる証しでもある。

最新のリスク管理技術は、人を二種類に分類する。不審な者と、そうでない者と、にだ。そのときの行動、そして過去の行動履歴にまでさかのぼって、データベースと照合される。もし、人工知能があやしいと判断すれば、機械はあなたをリスクとして扱う。目の前でゲートは閉ざされ、先には進めない。場合によっては、その場から排除される。こういった照合と事前排除こそが、リスクを小さくする効果的手段であり、その有効性を認めているからこそ、私たちは多くの認証システムを利用して生活している。けれども、あなたが、いつ排除されないともかぎらない。

技術が未発達だった時代には、人びとを二分することはあっても、グレーゾーンをもうけ、当事者の考えで柔軟な扱いをする余地が残されていた。また、世間には他人を助けるのがすきな人や、見かねて手を差し伸べる人がいたので、問題をかかえた異質な存在が地域や家族に受け入れられることも少なくなかった。包摂型の社会が、排除型のそれに変化したという見立てが正しいとするなら、リスク社会化の進行は、排除を促進したといえよう。

もっとも、監視の強化に抵抗する人たちもいるにはいる。けれどもすでに稼働しているシステムを停止することは容易でない。躍起になってリスクを排除するだけが解決策とはかぎらない。リスクと思いこんでいるものを、日常のなかで共生できるかたちにしてとりこむ知恵や経験の蓄積こそが、これから求められる方向性とはいえないか。

その意味で、リスク社会とは、リスクがあふれる恐ろしい世の中というのではなく、リスクを恐れるあまり社会性をなくした社会、というふうにもとらえられる。

（永井良和）

ウルリヒ・ベック（東廉・伊藤美登里訳）『危険社会』法政大学出版局　一九九八

今どきコトバ事情
——現代社会学単語帳——

2016年1月30日　初版第1刷発行　〈検印省略〉
2017年4月10日　初版第2刷発行

定価はカバーに
表示しています

編著者　井上　俊
　　　　永井良和

発行者　杉田啓三

印刷者　坂本喜杏

発行所　株式会社　ミネルヴァ書房
607-8494　京都市山科区日ノ岡堤谷町1
電話代表　(075)581-5191
振替口座　01020-0-8076

冨山房インターナショナル・清水製本

ISBN 978-4-623-07521-8
Printed in Japan

《編著者紹介》

井上　俊（いのうえ・しゅん／1938年生まれ）

大阪大学名誉教授

著　書　『死にがいの喪失』（単著，筑摩書房，1973年）
『遊びの社会学』（単著，世界思想社，1977年／新装版1999年）
『悪夢の選択——文明の社会学』（単著，筑摩書房，1992年）
『スポーツと芸術の社会学』（単著，世界思想社，2000年）
『武道の誕生』（単著，吉川弘文館，2004年）
『社会学ベーシックス・シリーズ』（全11巻，共編著，世界思想社，2008～2011年）
『文化社会学入門——テーマとツール』（共編著，ミネルヴァ書房，2010年）
『よくわかるスポーツ文化論』（共編著，ミネルヴァ書房，2012年）

永井良和（ながい・よしかず／1960年生まれ）

関西大学社会学部教授

著　書　『社交ダンスと日本人』（単著，晶文社，1991年）
『尾行者たちの街角 探偵の社会史１』（単著，世織書房，2000年）
『南海ホークスがあったころ——野球ファンとパ・リーグの文化史』（共著，河出文庫，2010年）
『スパイ・爆撃・監視カメラ——人が人を信じないということ』（単著，河出ブックス，2011年）
『南沙織がいたころ』（単著，朝日新書，2011年）
『定本 風俗営業取締り　風営法と性・ダンス・カジノを規制するこの国のありかた』（単著，河出ブックス，2015年）

《執筆者紹介》（五十音順／氏名／よみがな／現職／＊は編著者）

赤枝香奈子（あかえだ・かなこ）筑紫女学園大学現代社会学部講師
＊井上　俊（いのうえ・しゅん）奥付編著者紹介参照
鵜飼正樹（うかい・まさき）京都文教大学総合社会学部教授
内田忠賢（うちだ・ただよし）奈良女子大学研究院人文科学系教授
川井ゆう（かわい・ゆう）現代風俗研究会会員
河原和枝（かわはら・かずえ）甲南女子大学人間科学部教授
工藤保則（くどう・やすのり）龍谷大学社会学部教授
熊谷真菜（くまがい・まな）日本コナモン協会会長
斎藤　光（さいとう・ひかる）京都精華大学ポピュラーカルチャー学部教授
高井昌吏（たかい・まさし）東洋大学社会学部准教授
谷本奈穂（たにもと・なほ）関西大学総合情報学部教授
近森高明（ちかもり・たかあき）慶應義塾大学文学部教授
辻　泉（つじ・いずみ）中央大学文学部教授
常見耕平（つねみ・こうへい）多摩大学経営情報学部教授
土井隆義（どい・たかよし）筑波大学人文社会系教授
富田英典（とみた・ひでのり）関西大学社会学部教授
＊永井良和（ながい・よしかず）奥付編著者紹介参照
中島久美子（なかじま・くみこ）フリーランスライター
難波功士（なんば・こうじ）関西学院大学社会学部教授
西村大志（にしむら・ひろし）広島大学大学院教育学研究科准教授
西山哲郎（にしやま・てつお）関西大学人間健康学部教授
長谷正人（はせ・まさと）早稲田大学文学学術院教授
藤本憲一（ふじもと・けんいち）武庫川女子大学生活環境学部教授
松田恵示（まつだ・けいじ）東京学芸大学教育学部教授
松田さおり（まつだ・さおり）宇都宮共和大学シティライフ学部専任講師
森　治子（もり・はるこ）同志社女子大学非常勤講師
山田真茂留（やまだ・まもる）早稲田大学文学学術院教授

人名索引

原則として本文中に登場する人名のみをあげる。
項目末尾の文献欄のみに現れる人名は含まれない。

ま　行

や　行

ら　行

わ　行

事項索引

ページの**太字**は項目見出しであることを示す。

さ 行

た　行

ま　行